JN107383

母にはなれないかもしれない

産まない女のシスターフッド

若林理央

旬報社

はじめに

私はパソコンを前に自分に問いかける。
このことを、私が書いて良いのだろうか。
少子化の進む日本で、発信してはいけないことなのではないだろうか。
そして、私はこのテーマを誰に伝えたいのだろうか。

「私は自分の意志で産まない。」
その一言が、言いにくい。

産まない選択。
選択子なし。
チャイルド・フリー。

そう呼ばれる人たちの実情を、本書では明かしていく。

インタビュー、対談、エッセイから成るこの本が、産まない選択をしている、またはしようとしている人の支えになればうれしい。

一方で読んでほしいのは、当事者だけではない。

私の願いは、産む、産みたい、産めない、そして産まない女性たちが分断せず、お互いの異なる考え方や価値観を認め合うきっかけ作りをすることだ。

そして、女性のみならず男性にも届けたい。産めない身体性をもって生まれたとしても、男性たちも当事者だと思っているから。

すべての人に「産みたい」と「産まない」は対立構造ではないということを知ってほしい。


私は子どもの頃から、ずっと産みたくないと考えていた。

それを公言するたびに「産めばかわいいよ」とか「将来後悔するよ」とか、いろいろな言葉を投げかけられた。それらは時に心の中の傷になって、じんわりと血がにじむのを感じた。

「少子化なのに」「日本の将来を考えていないの」と言われて、返す言葉に窮することもあった。でも、口を閉ざしたくなかった。

産まない人生は、私が自分の自由意志で決めたものだ。誰がなんと言っても、私は自分の自由を守れたことを誇りに思っている。

産まないと、将来後悔する可能性が高いのは自覚している。でも産む後悔よりも、産まない後悔を選びたい。


産まないと周囲に明かし、否定されたことでできた心の傷は、かさぶたになる。これ以上つらい思いをしないようにと、私自身が無意識のうちに自衛をしているのだろう。


産まない選択について書く行為は、かさぶたになっていた傷をひとつずつはがすことでもあった。思わず目をそらしたくなるような大きな傷もある。かさぶたをはがすのは痛いし苦しい。

しかし痛みを伴うからこそ、伝えられることがある。届いてほしい言葉を紡げる。


本書には、「産まない」にまつわるさまざまな背景の女性たちへのインタビュー、作家の佐々木ののかさんとの対談、そして私自身のエッセイが収録されている。

私を含めた9人の女性は、それぞれがまったく異なる人生を歩んでいる。それぞれの女性にとっての「産まない」がある。

彼女たち、そして自分の語る経験ひとつひとつを、大切に記録したい。

私はパソコンのキーボードに指をおいた。
書くことは、痛みを伴うが、必ず新しい道に続いている。
そう信じて、私は書き始める。

※登場する女性の名前・職業等は個人情報保護のため、一部の方を除いて、実際とは異なります。

目次

第 1 章

私は「産まない」を選んだ

「どうして子どもを産まないの？」

私は自分の意志で「産まない人生」を生きている。

それを口にすると、気まずそうに話題を変える人もいれば、次のような質問をする人もいる。

「どうして子どもを産まないの？」

彼ら、そして彼女たちの一部は、女性であれば、出産を望む気持ちは「普通」であり、「普通」のことを望まない人には、その理由を説明してほしいと考えているのかもしれない。

一方で、シンプルに私が自分の意志で産まないのはなぜか知りたいだけだという可能性もある。

どちらにしても、これはお互いの異なる価値観を知るきっかけになるのではないだろうか。

こういった質問をされた時、私は、明るい口調になるように意識して聞き返すようにしている。

女性なら、「どうして子どもを産みたいの？」「どうして子どもを産んだの？」。男性なら、「どうして子どもがほしいの？」と。

私は「どうして産まないの？」と聞いてきた人と同じように知りたいのだ。幼少期から子どもがいない人生を前提として自分の将来を思い描いてきたから。否定から始まるのではなく、それぞれの人生観を認め合うために対話をしてみたい。

たとえ理解し合うのはむずかしくても、それは意義のあることだと信じている。

このエッセイでは、私がどうしてそのような考えに至ったのかをつづろうと思う。

20代後半から30代も終わりに近づいた現在に至るまで、私の周囲では子どもを産む友人や親族が増え続けている。「子どもがほしい」「結婚したら産みたい」と話していた近しい女性たちが晴れて妊娠・出産に至るのはうれしいことである。

「おめでとう」

笑顔でそう言うのだが、だんだんと大きくなる彼女たちのお腹を見て、時々不思議な感情にとらわれる。

子どもがいなかった頃の彼女たちは、自分という生命体ひとつで生きていた。でも今は、ひとつの身体にふたつの命体を宿している。同じ女性なのに、自分以外の命が体に宿ることを考えるだけで怖くなってしまう私とは違う人間になったような気がするのだ。

また、出産する女性のほとんどは、母親になる自分に対して肯定的だ。妊娠、出産、子育て……。子どものいない私でも、大変なことばかりなのだろうなと感じる。加えて母親になった女性たちの中には、経済的にも身体的にも負担がかかる不妊治療を経て子どもを授かった人もいる。

同じ女性なのに、どうして私は彼女たちのようになれないのだろう。

どうして私は、子どもの頃から当たり前のように「子どもを産まない人生にする」と考えて生きているのだろう。

子育てと仕事で日常が埋まる母の姿

私は1984年に大阪で生まれた。バブル景気の始まる2年ほど前だったが、両親は医師という職業柄、その影響は受けていなかった。

当時の女性は20代前半で結婚して退職し、子どもを産む人が多かったという。25歳が近づいていて、なおかつ結婚していない女性は「クリスマスケーキ」と揶揄されて、

20代後半になると「売れ残り」と呼ばれたそうだ。

今なら考えられないことだが、これは結婚や出産の権利を含む女性の自由な生き方が、ほとんど認められていない時代だったことを示している。「売れ残り」以降の女性はオールドミス、会社員なら「お局」と言われていた。「お局」という表現は、私が大学を卒業して社会に出た2000年代後半も残っていたと記憶している。

結婚して仕事を辞めるということは、女性のキャリアの断絶につながる。総務省の「労働力調査」によると、1985年の労働力人口で女性が占める割合はたった39・7%だった（なお、2020年の調査では44・3%である）。当時の既婚女性にとっては仕事を見つけること自体がむずかしく、夫と別れることを望んでいても離婚しにくい状況だったのではないだろうか。

1985年、私が1歳の時両親が離婚をして、母親がシングルマザーになった。「医師だから女性のキャリア形成がむずかしい時代でも離婚できた」と言われてしまえば否定はできないのだが、私の家庭は資産家ではない。母がいなくなれば生活は破綻する。母は、離婚後すぐに保険に入って、たとえ自分が死んでも娘である私が大学を卒業するまでの資金を得られるようにしたそうだ。

一方で当時はシングル家庭が非常に少なく、片親に育てられる子どもは今以上に「かわいそうだ」と思われていたようで、私はよく周囲に同情されていた。家族の話題で「私は実のお父さん、いないねん」と言うと、ほとんどの人はあわてた様子で「ごめんね」と謝って話を打ち切る。

「気にしてないで」

私は笑顔で答えるようにしているが、そのたびに自分のような実父を知らずに育った子どもは多くないのだと自覚した。

実の両親の離婚後、何年か経ってから母と幼い私は祖父（母の父親）と同居した。母が再婚するまで、3人での生活は続き、すでに定年退職をしていた祖父は、忙しく働く母の代わりに私の面倒を見てくれていた。

読書家の祖父から私はたくさんの本をもらった。そして本は、現実とは異なる世界があることを教えてくれた。私がおじいちゃん子で、なおかつ「本の虫」になったのは、その影響だろう。伯父（母の兄）もよく実家に帰省して私と遊んでくれた。

今振り返ると、祖父と伯父が、幼児期の私の父親代わりだった。

「理央、いっしょに何しようか」

母は仕事のない日になると決まって私に聞く。

母は子ども好きな人だ。

「本当なら両親のいる家庭で育ててあげたかった」

口にせずとも、そんな母の思いが子どもの私に伝わってきた。

幼い記憶の中に、実父の姿はなく、私は彼の名前も顔も知らずに育った。

私が6歳になろうとしていたある日、母がある男性の写真を見せた。やさしそうな人で、たまに3人で遊びに行くようになった。

ほどなくして母はその男性と再婚をする。

小学校に上がる直前だった私は、まったく記憶のない実父より、その養父を自分の父親だと認識した。初めて父親（養父）ができたことがうれしくて仕方なかった。

そんな幼少期のどの時点で「子どものいない将来の自分」を想定し始めたのかわからない。身長が伸びたり言葉を覚えたりするのと同じように、「子どものいない将来の自分」はいつの間にか私にぴったりとくっついていた。

「実の父親の顔も名前も知らない寂しさが、子どもを産みたくない理由なのでは？」時折周囲の人から言われるが、断定はできない。

私と同じようにシングル家庭で育っても子どもを産みたい人がいるし、反対に実の両親のもとで育っても子どもを産みたくない人もいるからだ。

小学生になると、私の母はいわゆる「キャリアウーマン」なのだと意識するようになった。今でいうところの〝バリキャリ〟である。

結婚・出産で退職する女性が多く、女性のキャリア形成もむずかしかった時代、キャリアウーマンの抱えた苦労ははかりしれない。仕事をしながら、母は再婚後に私の異父妹をふたり産み、私も含めて3人の子どもを育てた。

私は26歳で実家を離れるまで、母が座っている姿を見たことがなかった。仕事や家事、子育てで日常のすべてが埋め尽くされている母を見て、小学生の私は、世の中はそんな母親ばかりだと思っていた。

普通になりたいのに、なれない

そんな私の小学校6年間はどのようなものだったかというと、場面緘黙（特定の状況でのみ話せなくなる症状）をわずらっていたのを理由に、クラスメイトと話すことができず、常にいじめられていた。孤独感をつのらせた私は、休み時間がくるたびに大好きな小説にかじりついて、現実逃避をするようになる。

ただ読書によってたくましくなった想像力は、私に希望を与えた。文章を書いて生きていくことを夢見るようになったのだ。小学生時代の私の夢は小説家だった。小説家として生計を立てて、キャリアウーマンになれば自分をいじめた相手を見返せると信じていた。また、こうも思っていた。

「仕事をがんばれば、子どもを産まなくてもいい」

なぜそんな考えに至ったのかはわからない。

母が医師の仕事に励む姿を見て育ったことによって、子育てと仕事を両立する大変さを知っていたからだろうか。

はっきりとした理由はわからないが、仕事をしない女性は子どもを産むことを求められるような気がしていた。それはすなわち子どもがいなくても仕事をしていれば生活できるということと同義である。

ただ私の中で結婚と出産は結びついていなかったようで、小学5年生で初恋を経験すると結婚願望が芽生え、場面緘黙に苦しんだ小学生時代が終わって中学生になると、

「相手が子どもをほしいと思ったらいやだから、50歳くらいで結婚をして……」

と、具体的なライフプランを考え始めた。

私の通っていた中学校は中高一貫の女子校で、幼稚園から大学までエスカレーター式で進学する生徒もいた。

場面緘黙はいつのまにかほぼ完治していた。ただ同年代との会話に慣れていなかった私は、友だちの言葉をさえぎったり、うまく相手の発言に対して反応できなかったりしたことが原因で、あっという間にクラスメイトたちから嫌われた。

小学校時代からの苦しさが限界を超えて、中学1年生の2学期から不登校になる。月日は過ぎて、また学校へ行こうと決意したのは、2年生の終わりごろで、小説の新人賞に落選したことが影響していた。多感な時期だったからか「私はもう小説家になれない」と思い込んだのだ。

「小説家になれば、子どもを産まなくても生きていけるはずなのに」

これも思い込みだったが、新人賞の落選によって小説家＝好きな仕事でキャリアを積むという夢が打ち砕かれた。とはいえ意欲的に働き続ける母を見て育ったので、小説家になれなくてもキャリアウーマンにはなれると知っていた。

同じタイミングで、学校側からある条件を提示された。

「ここは中高一貫校だから、3年生から学校に通えば、うちの高校であれば進学できます。ある程度の成績をとる必要はもちろんありますが」

不登校だったので、中学校を卒業して高校に進まずに就職する道も考えてはいた。実際に高校に行かずに立派に働いている人たちがいるのも知っている。

しかし同級生との会話すらうまくいかない私は、今就職してもキャリアウーマンになれないのではないかと不安だった。学校が提示してくれた条件をのもうと決めて、勇気を出して制服を着た。ひさびさに制服の赤いネクタイを締めると恐怖でいっぱいになったが、登校初日は無事終わって不登校生活は幕を閉じた。

ただそれからの学校生活が楽しくなったわけではない。私は学校と家庭がすべての生活で閉塞感を再び抱くようになった。それは高校卒業まで続いていく。

正直、中高時代のことは今も思い出したくないほどつらい。

クラスメイトがいじめられているのに、自分が小学校でいじめられた記憶がフラッシュバックして守ってあげられなかったり、先生いびりの激しいクラスで生徒に泣かされる担任教師を目にしたり……。詳細は書ききれないが、生徒から暴言を吐かれ続ける女性の教師たちを目にすると、キャリアウーマンで居続けるむずかしさを感じた。

また、高校時代は「私たちは子どもじゃないけど大人でもない」という独特の世代のさなかにいた。身体も心も自分たちは完全に大人だと考えているが、成人した大人たちから見るとまだ子どもの、10代後半に突入したのである。大人になってから考えてみると、いじめも先生いびりも友だちグループの同調圧力も、幼さの象徴なのに、学校という檻の中では誰もそうは思っていなかったのだ。

私も学校生活を円滑にするために、周囲に話しかけてなんとか友だちグループに入れてもらった。

「理央ちゃんって変わってる」

これは、友だちグループでよくぶつけられた言葉である。

あくまでも私の高校の話だが、どの友だちグループに入るかによって、自分自身の行動や言動が左右された。グループの中のひとりが体育を休む日は、グループのメンバー全員が休む。修学旅行の自由時間にどこへ行くか相談していると、グループのリーダーが行きたいところばかりを巡る予定表を見せられる。もちろんトイレや教室移動はグループ全員で行くのが暗黙の了解である。

面倒なので自分のいるグループの価値観に合わせておけばいいのだが、私はみんなで体育を休むことになった日もひとりで体育の授業を受けたし、修学旅行で何日も彼女たちといっしょにいるのがいやだったのでさぼった。同調圧力に屈したくないという私の性格は、「私は自分の意志で産まない人生を歩んでいる」と公言している今につながっているのかもしれない。

将来についての話題になった時もそれは変わらない。「大人になって結婚したら何人くらい子どもがほしい？」という質問が回ってきた時も、私は「子どもはあまりほしくなくて」と正直に答えてしまう。

「やっぱり理央ちゃんは変わってるね」

「普通」になれない自分は、いつのまにか、そのグループから追放されていた。

学校で単独行動はできても一匹狼になれるほど強くはない。授業でペアを組む時も困るし、どこかの友だちグループに入らないと、クラス中から仲間はずれにされるかもしれない。学校生活が不便になるのは避けたかったので、友だちグループを転々とした。

妊娠するなんてテレビドラマの中で起こること

そんな高校生活ではあったが、教室の中にいる多くのグループでセックスの話題が交わされていたのは印象深かった。精神的な幼さと矛盾するかのように、身体は成熟に近づいていた私たち。いつしかセックスは「今経験してもおかしくないもの」になっていた。

「あの子、彼氏とやったらしいで」

そう噂された生徒は、クラスメイト全員から一目置かれる。性行為は女性としてのステップアップだという共通認識があったのだ。

その原因として考えられるのは当時の中高生は性教育が不十分だったことだろう。セックスが生殖行為だと知ってはいても、私を含めたほとんどの同級生は実際に妊娠するなんてテレビドラマの世界だけだと考えていたし、セックスに関することを親や教師など周りの大人に聞くなんてもってのほかだった。

実際にほとんどの親世代にとって性に関する話題はタブーだった。大人たちからもある。

「家族や親族であっても、男性の前では生理の話をしてはいけない」と言われたこと

通っている女子校でクラスメイトが「生理きた！　ナプキン貸して〜」と大声で言い、彼女の友だちが教室の端からナプキンを投げるのを見ながら、それを変なことだとも思わなかった。「生理は恥ずかしいことじゃない」という感覚は女子校に通っていたからこそ得たものなのかもしれない。

附属の大学に内部進学できる私たちは、受験シーズンが近づいても焦る人は少なかった。ただ少数ではあるが外部の大学や専門学校への進学を望む生徒たちもいて、私もそのひとりだった。

中高時代の同級生たちから離れたいと考えていた私は、エスカレーター式で進学できる大学を選びたくなかったのだ。念願かなって、第一志望である神戸女学院大学文学部に進学することができた。愛する母校だと今もあたたかい気持ちで振り返れるのは、小中高大でこの大学だけである。生まれて初めて楽しい学生生活を送った。

大学生だった4年間は、私が自分の人生について本格的に考える時期でもあったはずなのだが、フランスに短期留学したことをきっかけにフランス文学のゼミに入り、フランス語を勉強して「フランス関係の企業に入ってキャリアウーマンになろうかな」とのほほんと考えていた。のちに就職活動でフランス語ができても英語が堪能で

なければ、ほとんどのフランス関係の企業には入れないと現実を突きつけられるのだが。

そんなある日、同じ大学に進学した、数少ない高校時代の知り合いに会った。彼女は懐かしそうにこんな話をし始めた。

「3年生の時に同じクラスだったAさんおるやん？　子どもできて結婚したらしいで」

戦慄した。

急にセックスが、生殖行為だと突きつけられたからだ。

腹の中で子宮が、くるくる回っている気がした。Aさんが、元クラスメイトだと再認識することができないほど、遠い存在になる。

また、高校時代は特別視されていたセックスも、20歳前後になると経験者が増える。

「生理来ないんよね。妊娠したかな、どうしよう」

お手洗いの個室にいると、知らない学生のそんな会話を耳にした。

怖い。

私は怯えてしまって、その学生がいなくなったあともなかなか外に出られなかった。

当時、軽い男性恐怖症だったのもあるだろう。

中高大と10年間女子校で過ごして、きょうだいもいとこも女性だけ、ナンパされるたびに聞こえないふりをして逃げる生活を送ってきた私にとって、同世代の男子は、小学校でいじめてきたクラスメイトのまま時を止めている。その男子がセックスをする相手という認識はゼロだった。

「私は年をとってから結婚をして子どもは作らない人生を送る」

この気持ちは大学生になっても残っていたのだが、その「結婚」に至るまでに何が必要かまでは考えていなかった。

「こりゃいかん」と私は男性恐怖症を脱するためにリハビリを始める。書店でアルバイトをするようになったのだ。

男子大学生のアルバイト店員が多い書店だった。最初は怖かったが、そこで、じょじょに同世代の男性との会話に慣れていき、初めての彼氏もできた。

順調なはずだった。異性との交流とは関係のないところで予想外の事態が起きるまでは。

「レジでのミスが多いね」

最初はやさしかった副店長が、だんだんと険しい表情をするようになったのだ。

一生懸命がんばっているつもりなのだが、努力が足りないのかもしれない。アルバイトが終わっても居残りをして、反省文や改善点を書いたりレジ作業の練習をしたりしたが、バイト中はとことん失敗をして迷惑をかけてしまう。

私よりあとに働き始めて、仕事中も雑談をしているバイト店員が器用にレジ作業をこなしているのに、私はいつまで経っても動きが遅かった。

私がＡＤＨＤの診断を受けたのはそれから約15年後、つい最近のことである。やっと当時のミスの原因を突き止めたのだが、大学生の私はまだそれを知らない。ミスをするたびに自己嫌悪でいっぱいになり、アルバイトが終わると泣きながら帰宅していた。

「もう20代なのに。あと何年かで就職するのに」

中学2年生で新人文学賞に落選した時も、ほかの仕事でならと夢見ていた。

しかしダメなのだ。「どんなにがんばっても、あなたはキャリアウーマンになれない。子どもを産んで仕事をせずに家庭に入ったほうが幸せ」と自分の周囲にいる全員から思われているような気がした。

初めての彼氏と別れたあと、私はアルバイトで挫折した経験を恋愛で埋めようとした。男性恐怖症を打破するどころか、いわゆる「遅咲き」の恋愛体質になったのだ。

恋愛経験は私に自信をくれた。

「私はいつか結婚したい。その夢は叶うのかもな」

なんとなく思った。子どもを産む、産まないについてはあえて考えないようにした。

「早く結婚してラクをすればいいのに」

大学卒業後、就職した企業では、「今すぐしたいこと」として結婚と出産の話をする同期の女性たちがたくさんいた。社会人2年目で、特に仲の良かった同期が妊娠をした時の衝撃はいまだに覚えている。

就職氷河期はすでに終わっていたが、銀行などを除くほぼすべての大企業で、正規職員の一般職は採用しておらず、秘書や企業受付、事務といった職種は契約社員や派遣社員など非正規雇用の社員が担当することが多かった。

私や同期も例外ではなく全員女性で非正規雇用だった。大手企業だったからか特殊な雇用形態で、ボーナスも当然のように支給された。リーマンショックで派遣会社から来た非正規社員が契約を切られるなか、私たちは例外として職場に居座っていた。

かつて事務などを担当したのは、正規雇用の一般職と呼ばれる女性たちだった。私たちはその代用だったのだろう。どの年も採用されるのは全員女性、加えて女子大出身者が多く、正規雇用の男性社員の花嫁候補だと噂されていた。

研修が終わって配属が決まる日、私の業務内容は、役員秘書だと告げられた。担当したのは60代の男性役員だった。

不器用な私はその役員から「きみはずっと働くより、早く結婚したほうが良い」とはっきり言われた。

「やっぱり書店バイトの時といっしょやなあ……」

今も役立っているコミュニケーション能力やスケジュール管理術は、秘書時代に培ったものである。つまり、あの時の苦労は今の自分のキャリアにつながっているのだが、当時の私は、キャリアウーマンになる道が完全に閉ざされた気分になった。

そんな私は、社会人になっても周囲に合わせるのが苦手だった。

「60歳まで働きたい」

同期の女性たちに打ち明けると「定年まで働きたいなんておかしい」とほぼ全員が口にする。

「仕事、もっとがんばりたいです」

正規職員として働く男性の先輩にそう言っただけで、「女性なんだから早く結婚してラクをすればいいのに」と返ってくる。

職場で感じるジェンダーバイアスは、女子校に通っていた頃より身に沁みた。

相変わらず恋愛も楽しんでいたが、付き合う相手が結婚を意識し始めた時、大体の男性が次のステップとして、妻となる女性に子どもを産んでもらおうと考えていることに気づく。

学生時代の恋愛とは違う。たとえば付き合う相手が「子ども、3人ほしいんだよね」と話すと、私はつい聞きたくなる。

「これは、つまり私に産んでほしい子どもの数？　キャリアウーマンになれない私の生きる道はそこしかないん？」

しかし楽しそうに将来の家庭像を話す彼氏を前に、それを口にすることはなかった。

「理央ちゃん、変わってる」

自分の子どもを産みたくない気持ちを伝えると、同期にも先輩にも何度も言われる。高校時代といっしょだ。

彼氏への恋愛感情が勝って子どもがほしい「ふり」をしたこともある。婚約までした男性にもそのように振る舞った。彼とは別の理由で別れたが、その時に「もう彼が子どもの話をしてくることはない」と安心したのも事実である。

26歳で2つ目の会社に正規雇用の社員として転職、他部署の同僚にプロポーズされた。のちに1回目の結婚をすることになる相手である。

このようにプライベートは充実していたが、転職して2年後、私は職場でうつ状態になった。どうやら私の弱みは数字が関係する業務や整理整頓が求められる業務にあるようで、これものちにＡＤＨＤの診断を受けた時に判明する。しかし当時、企業受付兼総務業務を担当していた私は、「受付はいいんだけどね。なんで数字が絡むとこんなに仕事が遅いの？　会議室も整頓できてないね」と毎日先輩に叱られていた。

「社員の退勤後、会議室を回って椅子や長机が乱れていないか確認しているんですが、すみません」

そう謝っても信じてもらえなかった。

努力が成果に結びつかない。

みんな整理整頓も数字関連のことも、ささっとできるのに。

２０１２年、もはや多くの人が「キャリアウーマン」という言葉を使わなくなっていた。順調にキャリアを積んでいく女性も増えて、いつしか「キャリアウーマン」は「バリキャリ」と呼ばれるようになっていた。

一方で接客は楽しく、金銭の絡まない企業受付は私に向いていたようだ。

「ただ、それだけじゃバリキャリになれないんだ」

ある日、とうとう起き上がれなくなった。精神科に行くと直ちに会社へ行くのをやめたほうが良いと医師に言われて勤務先に診断書を提出、休職が決まった。

「結婚したら、おれが養うから大丈夫」

同僚の婚約者は慰めてくれる。前の会社の上司や先輩、同期と同じ価値観で。

夢だったバリキャリにはなれないなら、甘えてみようか。女性であることに。

初めて、私にとって諦めに近い気持ちが芽生えた。

「子ども、産まないつもりでいる。それでもいい？」

思い切って尋ねた。

「わからないけど結婚したらほしくなるかもしれないし、好きにしたらいいよ」

彼はあたたかみを帯びた口調で答えたが、私も相手もまだ20代である。まず結婚が先にあって、出産に対しては現実感がなかったのかもしれない。

同じ頃、生理がなかなか来ないので婦人科で内診をした。医師が、黒くて丸いものがいくつかある卵巣の写真を見せた。

「これがもっと増えると、ＰＣＯＳ、多嚢胞性卵巣症候群（たのうほうせいらんそうしょうこうぐん）の可能性があるんだけど、数が少ないから大丈夫でしょ」

それから5年以上経って、このＰＣＯＳが私の人生の決断に大きく関わってくるのだが、当時はまだ20代で「大丈夫」と医師に言われたこともあったので深くは考えなかった。

女性が体験する「呪いの言葉」

休職後、彼氏がひとり暮らしをしている家に毎日のように行くようになった。私は仕事をしない代わりに家事をがんばろうとしたがすぐに専業主婦の大変さを痛感した。毎日栄養のバランスを考えた食事を作り、掃除をして洗濯、洗濯物はきれいに畳んで彼氏のシャツにアイロンをかけて……。

これはもはや仕事ではないか。しかも私の不得意なことばかりである。

結婚をして夫婦生活が始まると、彼も不満を口にするようになった。

「ごめん、お弁当に入れてくれたけど、このおかずはまずくて食べられへん」

「ほかの人は奥さんにシャツのアイロンをかけてもらっていて、おれだけくしゃくしゃやから会社で笑われた」

「掃除したん？　これで？」

彼の言葉はやさしくて遠慮がちだったが、呆れているのがわかった。

――女性だから大丈夫だよ。

前の会社で男性の先輩に言われた時、何が大丈夫なのか聞けば良かった。

専業主婦は家事のプロフェッショナルである。「おれが養ってあげる」は甘い言葉ではなかった。

「向いている職業を探そう。このままじゃ子どもを産まないと夫の不満は増えそう。やっぱりバリキャリになれるようにがんばってみよう」

私は再び決意した。

2社目の企業を退職したあと、すぐに日本語教師の資格を取得するための講座に通い、外国人に日本語を教える日本語教師になる。資格取得とほぼ同時にフリーライターの職を得て、さらにイベントコンパニオンやナレーターとして展示会などのイベントに出た。

日本語教師とライター、イベントの仕事と三足のわらじをはく生活が始まる。フリーランスや非正規雇用のつらさに直面したし、その3つの職業でも反省することはあった。ただ「どれも私に向いている職業だ」と初めて実感できた。職を変えれば、私も仕事で活躍することはできるのだ。

その間、プライベートでは元夫との離婚を経験した。

今、思い出すのは元夫とのやりとりだけではなく、彼の父親がなにげなく放った一言である。元夫の姉には子どもがいたのだが、それに対して元夫の父親は、「姉弟でも、ほかの家に嫁いだ娘の子どもは外孫、跡継ぎの息子の子どもは内孫だからね」と私に言った。

内孫？　外孫？

聞いたことのない言葉だった。調べてみると、ほかの家に嫁いだ娘、もしくはほかの家に婿入りした息子の子どもは外孫、家を継ぐ息子や娘の子どもは内孫というらしい。元夫の実家には、「家」という概念が今も根強く残っていたのだ。

不快だった。家のために子どもを産む時代なんてとうに終わっている。つまり義父は「内孫」がほしい、産めと私に言っているのである。

思えば、これが私の自覚した、初めての「呪いの言葉」だったかもしれない。

元夫と義母、私の両親（母と養父）は子どもを産むか産まないかについて何も言わなかった。しかし世の中には、結婚と出産を結びつけて考える人がいるのだ。

「新婚かあ。子どもが楽しみやね」

「20代のうちじゃないと子どもができにくくなるしね」

ああ、前に言われたな。昔の男友だちや、同僚で子どものいる女性にも。

いやな気持ちになったな。

あれも、呪いの言葉だったのかもしれない。

離婚後、しばらくして今の夫が彼氏になり、数年後に再婚をした。再び私に「既婚者」という肩書がつくと、呪いの言葉はまたしても私を追いかけてきた。

ハネムーンで行った某国で、ホテルのスタッフにまで「次は3人で来てね」と言われた時は、もはやこれは子どものいない既婚者に向けたテンプレートなのだなと感じた。

「夫婦なら子どもがほしくて当然」

そんな発言にいつまで苦しめられなければならないのだろう。

呪いの言葉は発する側に悪気がないからこそ、受けた側はいやな気持になるし、時に傷つく。

特に「産まないとあとで後悔する」と言われると返す言葉がなかった。後悔しないと断定できないからだ。

私、子どもほしいかもしれない

二度目の結婚をする直前の、33歳の時だった。「産む」「産まない」に関わることで、私に初めて迷いが生まれた。

「産むために努力する」か「産まない人生をこのまま歩む」を突きつけられ、今までの人生で一度だけ、「産む人生」を歩もうかと考える出来事が起きたのだ。

きっかけはニュージーランド旅行中に腎盂腎炎(じんうじんえん)という腎臓の病気で緊急入院をしたことだった。

容態が落ち着いて退院の許可を得た私は、日本に帰国したあとも1か月ほど入院施設のある病院に通い続けていた。腎盂腎炎は泌尿器科で治療する病気で、泌尿器科外来の隣には婦人科外来があった。

腎盂腎炎が全快に近づいた頃、内科に通されてCT検査を受けた私は、「卵巣に腫瘍のようなものがある」と言われて真っ青になった。

腫瘍って何だろうか。がんだったらどうしよう。

内科医は深刻な様子ではなかったが、病院に通っているうちに不安な要素はすべて消してしまいたい。

泌尿器科での最後の診察があった日、私は婦人科に行った。その病院の婦人科外来は週に2日だけ開いていて、外部からきた男性と女性の医師が1日ずつ担当していた。問診票の項目に「最終月経はいつでしたか」という項目があった。

私は初潮を迎えた13歳からずっと生理不順である。海外旅行中に緊急入院をして、なかなか帰国できなかった大変さに気をとられ、しばらく生理がきていないことをうっかり忘れていた。「3か月ほど前」と問診票に書き込む。生理不順はいつものことなのに、これも「腫瘍のようなもの」に関係があるのだろうか。

男性の婦人科医による内診で、腫瘍はないと言われる。

つまりがんではない。ほっとした私に、婦人科医はモニターで写真を見せた。

片方の卵巣だと示された写真を見ると、黒くて丸いものが身を寄せ合うようにして映っていた。

「これは小嚢胞というものです。PCOS……多嚢胞卵巣症候群（たのうほうらんそうしょうこうぐん）という病気ですが、その可能性がありますね。生理もしばらくきていないようですし血液検査をしましょう」

PCOS……はっとした。20代半ばで、婦人科医に「今のところはまだ大丈夫」と言われた病気ではないか。

エコー写真を見ると小嚢胞があの時より増えているような気もする。私の場合、もともと子どもをほしいと考えたことがなかったので、その後の経過については無関心だった。

PCOSが命に関わる病気ではないと説明を受け血液検査をして、一週間後にまた婦人科に行くことになった。

血液検査の結果が出るまでは楽観的だった。翌週、「もう腎盂腎炎も完治したし腫瘍はないみたいだし」と婦人科に行くのを面倒くさいとまで思っていた。

検査した日とは曜日が異なっていたので、女性の婦人科医が私の診断結果を告げた。

「排卵障害ですね」

ＰＣＯＳのことだろうか。

でもこれ以上特に聞く必要もないと感じた。この時点でも、まだ出産に関することについて無関心だったのだ。

医師が私に質問をした。

「子どもがほしいですか？」

即答する。

「ほしくないです」

はっきりと言い切ったので、彼女は少し驚いたようだったが、すぐに私の目を見た。

「それならこのまま様子を見ましょう。３か月生理がきていないので排卵を誘発するために薬を出します。副作用が出る体質なら注射を打ちます。子どもを望んでいなくても、生理がこないと将来的に骨が弱くなるなどのリスクがありますから。生理がきてもこなくてもまた受診してください」

ただ、と医師が付け加える。

「子どもがほしい場合は、ここではない、不妊治療専門の外来にすぐに行ってください」

そう言ったのが女性ではなく男性の医師であったなら、私はその言葉も受け流していたかもしれない。

目で見える部分も見えない部分も、子どもを産めるように作られている、同じ身体性を持つ女性の医師にそのように言われたからこそ、私の心は突然大きく揺さぶられた。

「今後の人生で考え方が変わって子どもがほしいと思っても、私は産めないかもしれない。産むためには今から不妊治療を始めないといけない。子どもを産むかどうか選ぶ期間は短くて、産むと決めても産めない可能性もあるということですか?」

婦人科医は「そんな感じですね」と言葉を濁した。どうやら彼女は、私がまだ30代前半であることを心配しているようだった。

しばらくしたら生理がくるという注射を打ち、診察室を出る。

大丈夫、大丈夫。

自分に言い聞かせる。

私は子どもを産みたくないと思って生きてきたから、大丈夫。

それなのに私は矛盾した行動をとった。帰りのバスでケータイを取り出し、自宅付近にある不妊外来を調べ始めたのだ。

何せ東京23区内である。数が多すぎる。

不妊治療で子どもを授かった友人にメールをして、どの不妊外来に通っていたのか聞いてみた。友人は快く教えてくれて「治療をするなら、どこまでお金をかけるか、何歳まで続けるか先に決めたほうがいいよ」とアドバイスもくれた。

彼女からのメールの返信とインターネットの検索履歴を見て、私は自覚せざるをえなかった。

迷っている。産みたいと願っても産めないかもしれないと言われた私は、産んだほうが良いのではないかと迷っている。

心の奥にしまいこんでいた、子どものいない人生で将来的に後悔しないのだろうかという問いが無理やり引き出されるようだった。

夫（当時は彼氏）は私の意志を尊重してくれて、排卵障害のことを告げられてからも、いつもどおりの日常生活を過ごせたのはありがたかった。

再び婦人科に行った。前と同じ女性の医師の診察日をあえて選んだ。同じ身体性の人に、この迷いを聞いてもらいたかったのだろう。

「最近、子どもがほしいのかもと思うことがあるんです」

私がそう言った瞬間、医師の表情が明るくなったのを今も忘れられないでいる。それは不妊外来について質問した時、詳しく教えてくれた友だちのやさしさに近いものがあった。


私は思った。

「産む」「産まない」「産みたい」に限らず、未来の自分がどうありたいかは、わからないものだ。たとえば結婚するかしないかも、自分の未来に結びつくものだが、それが自分を幸せにするものなのかどうかを把握するのはむずかしい。未婚の友人も「結婚したいのかしたくないのか自分ではまだわからないんだけど、婚活をしていると言ったら両親が安心する」と話していた。

不妊治療と婚活を並べて語るつもりはないが、私は「もし不妊治療を始めたら、私が相談をした友人や婦人科医のように、たくさんの人が子どもを授かるためにがんばる私を見て喜んでくれるだろう」と考え始めた。

「私は子どもを望んでいる」

ひとこと言えば、みんなが笑顔になる。

また、今まで「子どもを産みたくない」と言った時に投げかけられた「産んでみたらかわいいよ」といった呪いの言葉のことも思い出した。

婦人科医や私の相談にのってくれた友人には感謝している。私が子どもを産むことについて考える機会をくれたから。

だけど呪いの言葉を放った人たちは、「女性にとって幸せな人生」＝「子どもを産んで育てること」とひとくくりにしていたのではないだろうか。彼ら、そして彼女たちは自分が価値観の押しつけをしていることにも気づいていない。「私は理央に親切なアドバイスをしている」と誤解している人もいただろう。

理不尽ではあるが、私が「子どもを望んでいる」と言いさえすれば呪いの言葉は消えてなくなる。

それに、ずっと望んでいた「普通」の人生を送りたい、つまりマジョリティに分類されたいという夢も、子どもを産めば叶うかもしれない。

親の離婚、小学生時代の場面緘黙、そのせいでいじめに遭ったこと、中学生時代の不登校、高校時代の友だちグループでの閉塞感、ＡＤＨＤに起因する仕事の向き不向き、元夫と2年ほどで離婚したこと。それから、それから……。

「変わってる」のは悪いことではない。ただ私は「普通」が良かった。多数決なら多数のうちに入れるような、そんな人生や学校生活を望んでいた。

私はものごころがついた時から、いつ、どこにいても寂しかった。その寂しさは、そういった自分の「変わってる」部分を認識することで深まったのかもしれないし、関係がないのかもしれない。生まれ持った先天的な寂しさだという可能性もある。精神科医やカウンセラーに相談してもわからないままだ。

寂しさは今もずっと私を苛んでいる。

子どもを産めば、私はもうマイノリティではなくなり、マジョリティとして「普通の人生」を送れるのではないだろうか。産んだ子どもが私を癒して、成長したら老いた私を守ってくれるのではないだろうか。子どもがいる夫婦というカテゴリーにおさまることができたら、寂しさも消失する可能性がある。

とことん考えた「産まない後悔」

「子どもの幸せを思って産むわけじゃないんだね」

迷い続けていたある日、ひとりの若い女性に言われた。

「将来子どもに守ってほしいとか、寂しさを子どもによって消したいとか、そんな理由で子どもを産むなら母親にならないほうがいい。子どものために」

混乱していた私を、彼女が現実に引き戻してくれた。

このやりとりが、私が産まない選択をする決定打となった。

その女性の言葉を聞いてからわかったことがある。私は一度も「子どもを幸せにするために産もう」と思ったことがない。

自分がマジョリティになるために、寂しさを癒すために、老後の不安をなくすために不妊治療を検討している。そんな母親を持った子どもは、産まれた瞬間、自分だけではなく母親の人生をも背負うことになる。

私は自分が「子どもを産まない人生にしよう」と考えていた長い月日を振り返った。子どもを産んでマジョリティになりたいなんて、考えたこともなかったのに。産めない可能性があると知った瞬間、迷いが生じるなんて。

私は数々の不妊外来や不妊治療に関するホームページをブックマークからはずした。名残惜しさは感じなかった。

そして、再び産まない人生について考え始めた。

自分から望んで「産まない」を選ぶのがマイノリティで「変わってる」としても、別に良いではないか。

マジョリティ、つまり「普通」の枠に入ったほうが、周囲には喜ばれるだろう。私もそうしたかった。だけど、マジョリティかマイノリティかで自分の人生を選ぶなんて、自分自身を大切にしていない証拠だ。

もちろん後悔はするだろう。産んでも、産まなくても。

それなら私は産まなかったことによる後悔を選びたい。


「産まない後悔」を深掘りしていったあの頃が、人生の岐路だった。

とはいえ「自分に子どもがいたらどうだっただろう」と想像することは今もある。今後、加齢によって「産まない人生」が確たるものになったら、毎日のように想像するかもしれない。「なぜ産まなかったのか」と自分を責めることもありうる。

同時に、子どもを産まない道を選んだ自分に誇りを持つだろう。

矛盾しているようだが、産まない後悔もひっくるめて、若林理央という人間が、個人の意志によって選んだ、道の先にある感情だからだ。

それに、わからないのは未来の自分の感情だけではない。今の自分の感情をコントロールできず苦悩することもある。

たとえば最近、私の家に友人夫婦が1歳になったばかりの赤ちゃんを連れてきたことがあった。赤ちゃんを見て「かわいい」と感じたにもかかわらず、その日の夜、私は情緒不安定になり泣き出してしまった。

一日中、家にいるみんなが子どもに意識を傾けていた。子どもとはそういう存在だからだ。私だって子どもの頃は、出会う人みんなに主人公のように扱われていただろう。

わかってはいるのに、前述した、ずっと心のうちにある寂しさが、子どもが来たことでぶわっと噴き出してしまった。

このつらさを打ち明けたら、一部の人は「この人、本当は子どもがほしいのだろうな」と思うのだろうか。しかし、それは違うと断言できる。

赤ちゃんが来た日から数日後、気持ちが落ち着いたので、なぜあんなに情緒不安定になったのかを考え、少しずつ言語化してみた。

きっと私が泣いてしまった理由はふたつある。ひとつは「子どもがほしくない私ってマイノリティなんだな」とあらためて感じたから。もうひとつは、「この子は当たり前のように幼少期から両親がいて、場面緘黙や不登校になったとしても、私の時代より理解のある社会で生きられるんだろうな」といううらやましさからである。

私が生きる社会には課題がたくさんあるが、前進もしている。昔よりは結婚や出産に関して女性にプレッシャーを感じさせない世の中になっていると思う。私が生まれた１９８０年代半ばなら、子どもを「産む」「産まない」「産めない」にフォーカスして考えること自体が「変わってる」人扱いに直結しただろう。

「家庭を持ってフルタイムでバリバリ働かないのなら、子どもを産んだほうがいい」

そんな先入観もひと昔前のものだ。今はバリキャリでなくても、産まない自由はある。


私自身がそうだ。

小説執筆に関しては子どもの頃の挫折を振り切って再開したばかりではあるが、フリーライターとして書く仕事をして生きている。

忙しい毎日のなかで「自分はバリキャリなのだろうか」と考えることはなくなった。バリキャリかどうかに関係なく、産まない人生を生きようと決めたからだ。

ただ、子育てをしながら働いている女性たちを見て、出産とキャリアは完全に切り離せないものだとも感じている。

フリーランスの私は、子どものいない今ですら、ある日、突然仕事がなくなるかもしれないという不安にさらされている。加えてプライベートでは舞台で生の漫才やミュージカルを見たり、ゆっくりと読書をしたりする時間がほしい。

生来、不器用で家事も苦手な私が出産したら、子育てのために仕事や趣味の時間が激減するのは目に見えている。実際にそんな悩みを抱えている女性も多いだろう。

強調して言いたいのは、私は友人や親族が妊娠・出産することにネガティブな感情を抱いたことはない。「母親」になった彼女たちの子どもへの深い愛情や、どんなに疲れていても育児にいそしむ姿を見て私は、子どもを産み育てることのできる彼女たちに、尊敬に似た気持ちを抱いている。

子どもがいない「子育て世代」の憂鬱

それなのに、彼女たちが別人になったように思えて悲しくなることがあるのはなぜだろうか。私個人の問題として受け止めていたが、ある自治体の男女共同参画センターにあった掲示物を見た時、その理由が明確になった。

リタイア後のシニア対象のイベントのチラシが掲示板に貼ってある。老後、私もお世話になるかもしれないので「素敵だな」と感じながら見ていた。

次に私が参加できるような、30代やアラフォーが対象のイベントを探す。すると次のような文章が書かれたチラシが目に飛び込んできた。

「ママのための」

「子育てに悩んでいるあなたに」

「赤ちゃんといっしょに」

なるほど。いわゆる子育て世代の年齢層なのに子どもがいない私が参加できるイベントはほとんどない。

これは一部の自治体だけかもしれないし、男女共同参画センターの公式の見解とは異なる可能性も高い。ただ個人的に、子どものいない女性は社会全体に拒絶されているように思えて寂しかった。

それからというもの、子どもがいない女性の存在を社会がどうとらえているかについて敏感になった。自宅でテレビを見ていても、子どもがいない人に対して子どものいない理由探しをしようとしているインタビューが目につく。

子どもを産まないことを責められているような気持ちになり、自分の意志で子どもを産まない女性の、社会的な立ち位置について考えさせられる。政府の進める少子化対策によって、私の疑問は明確になった。

産みたいのに産めない人もいる中で、私は自分の意志で産まないと決めたのだから、国の少子化対策や子育て支援に対して意見を述べる権利はないのだろうか。「子どものいない私たちにも目を向けて」と叫んでも、その声は届かないのだろうか。

SNSの匿名アカウントによる子どものいる女性といない女性のいさかいはさらに過激だ。

以前、いろいろな立場の女性の本音が知りたくて、〝子なし〟と検索した。出てきたのは「子どもがいない人は子なし税、結婚していない人は独身税を払うべき」VS「すでに政府の子育て対策に私たちの税金が使われている」という論争であった。「子どものいない人はわからないよね」といった投稿もある。

政府が子どものいる女性、いない女性、両方にとって中立的な支援をしないからこのような分断が生まれているのではないかと感じつつ、「独身税」「子なし税」といった単語には、「結婚しないことや子どもを産まないことは身勝手」という前提があるような気がした。長い間、受け継がれてきた前提が。

外国などで過去に子なし税を課した国はあったのだろうかと「子なし税　国」で調べてみると、最初にヒットしたのが1940年代、ロシア（当時は旧ソ連）のヨシフ・スターリン政権だった。すなわちこれは独裁者の「産めよ増やせよ」政策である。なお、独身税は過去にブルガリアが導入していたようだが少子化を止める効果はなかったようだ。

この文章を書いている最中も、休憩中にSNSを開くと信じられない投稿を目にした。子どものいない女性を指す「無産様」という用語が生まれていたのだ。

子どもを産んだのだから迷惑行為も許されるはずと考える女性たちが、SNSで

「子持ち様」と呼ばれているのは知っていた。あきらかな迷惑行為があるのならやめてほしいが、「子持ち様」も女性の分断を煽る用語だと感じていた。その対義語が「無産様」だという。

ネットスラングにすぎないと言われればそれまでだが、子どもを産めない身体性の男性を指した言葉ではない。子どもを産まない、もしくは産めない女性だけを標的にした言葉なのだ。男性はもとより、子どものいる女性までが「無産様」という言葉で出産していない女性を批判しているのを見て、地獄に突き落とされたような気分になった。

子どもがほしいと思えない女性たち

私たち女性には権利がある。妊娠・出産・中絶について十分な情報を得て、産むか産まないかだけではなく、いつ、何人子どもを持つかといった、「生殖」に関するすべてのことを自分で決められる権利が。これをリプロダクティブ・ライツと呼ぶ。

きっと子どものいない私たちの苦しみの根底には、昔よりはましになったとはいえ、日本は今も男性中心の社会であるという事実が横たわっている。

会社員の友人は「うちの会社の経営幹部はほとんど男性だけど、女性を抜擢する時は子どもがいる女性が選ばれている」と言っていた。

政治家や企業の経営者の中には、要職に女性を登用すれば良いと短絡的に考えている人もいるのではないだろうか。その女性に「子育てをしている」という肩書がつけば、国も企業もイメージアップにつながる。

男性は子どものいる人もいない人も、要職に就いているのに、女性は子どものいる人を優先して登用する。彼らはきっと無意識なのだろう。無意識のうちに「産んだ女性を活躍させている。良いことをしている」と思っているのだろう。

それからもうひとつ、私は政治の中心にいる男性や、子どものいる女性に言いたいことがある。

「産まない女性はみな、社会が変われば出産するだろう」というのは思い込みだ。

彼らは女性のリプロダクティブ・ライツを無視している自覚がない。もしくはその権利を知らない可能性すらある。少子化対策より先に、リプロダクティブ・ライツの認知を広げるのが、社会のために必要なことなのではないだろうか。

政治も企業も、子どものいる人、子どものいない人、結婚している人、結婚していない人など、さまざまな背景を持つ女性たちが男性と同じように議論できるようにしてほしい。

そうすれば女性同士の分断は改善されるはずだ。

そんな社会的な背景がありつつも、私は産まない意志をかためた。社会に自分を合わせる必要はないからだ。

そしてそんな考えを持っているのは私だけではない。

3年ほど前、友だちから結婚が決まったとLINEが来た。

「おめでとう！　お祝いしよっか」

グループ付き合いが苦手な私たちは、ふたりで食事することになった。気遣いができてやさしい彼女は、世の中で「女性らしい」とされる魅力があり、母親になることを周囲から期待されているのだろうなと感じた。

どのような会話の流れからだっただろう。よく覚えていないが、「子どもがほしいと思えなくて」と彼女が打ち明けた。

「身体も女性、性自認も女性なのに産みたくないのは自分だけかも」と悩んでいたそうだ。

そして、彼女も私が投げかけられたのと、ほぼ同じような呪いの言葉に苛まれていた。

「産んだらかわいいって言われるけど、かわいくなかったらどうするんだろ。もう産む前には戻れないのに」

まるで目の前に私がいるような感覚に陥る。

時を経ずして、似たような出来事があった。仕事で会った既婚女性が、子どもがおらず、不妊治療もしていない様子だったので、「産みたくない女性について、どう思いますか？」と思い切って尋ねた。

彼女は驚いた表情をして言った。

「私以外にもそういう人、いるんですね。子どもは好きなんですけど、産みたくないと思ってるんですよ。子どもの好き嫌いと産みたいかどうかは別なのに、あまり理解されなくて」

ああ。やっぱり。

自分が身を置いた環境に、産みたい人が多かったから私は「変わってる」人だったのだ。産みたくない人はゼロではない。むしろ見えないところにたくさんいるはずだ。

「産む」と「産まない」「産めない」は対立しない

「自分の意志で子どもを産まない」と言えない人たちがたくさんいるのなら、私は当事者として、その言いづらさをひっくり返そう。そうすれば、言えない人たちの息苦しさを和らげることができるかもしれない。

そう決めた私は、Webメディアに記事を寄稿したり、取材を受けたりして発信する機会を可能な限り作った。ただそれだけでは、あえて産まない人生を歩む女性がいることを知らない人に届かないような気もした。ほかにどんな手段があるだろうか。

職業柄、私ができることは取材や執筆だ。

数年前から、自由なテーマ・手法で作る冊子「ZINE」が注目を浴びている。私も産まない選択をテーマにしたZINEをつくって、さまざまな背景を持つ人に読んでもらおうと決めた。

まずは当事者へのインタビューは必ず載せようと思い、2人の女性に取材をした。この取材によって、産まない人生を歩もうとしている女性でも、それぞれの背景や周囲の反応は異なるのだということが実感を伴った。

インタビュー原稿が仕上がった頃、私が作ろうとしているＺＩＮＥのテーマを知った友人が、企業の人事担当者を紹介してくれた。10年ほど人事の仕事をしているその人は、企業における、子どものいる人と子どものいない人のトラブルに対する解決策を練ったことがあるという。その問題は、「産む」「産まない」「産めない」の分断にも近いと感じた私は、彼女にもインタビューをした。

ＺＩＮＥを発表して、まずは2022年5月に開催された文学フリマ東京で販売した。続いて書店委託を始め、東京だけではなく関西の文学フリマにも出店して、いろいろな人に読んでもらう機会を増やしていった。

思いがけず、たくさんの感想をいただいた。中には私と同じように、「産みたくない私は、女性として、心のなかに欠けた部分がある」と感じて苦しんでいる女性もいた。

ＺＩＮＥを通して読者と私のあいだで「そう思っていたのは自分だけじゃないのだ」という思いを共有できたような気がした。

文学フリマで直接声をかけてもらえたのもうれしかった。

「私もそうなんです」

「こんなテーマのＺＩＮＥを作るって、すごく勇気のいることですよね」

産まない選択に興味を持ってくれる人と直接話せる機会は貴重だった。一方でさっと本を買っていく人の存在も私にとって大きかった。産みたくないという気持ちは、それほど言いづらいことなのだと私自身が再認識することができたからだ。

子どもを連れた女性が「こういったこと、興味があるんです」と手に取ってくれた時、私は自分がＺＩＮＥを作った本当の意味は、ここにあるのではないかと感じた。

「産む」と「産まない」は対立構造ではない。

そう思っている人が、子どものいる女性のなかにもいるのだ。

２０２３年は、ＺＩＮＥを販売しながら、さまざまな角度で出産について考えるプログラムに産まない選択をしている当事者として参加したり、チャイルド・フリーをテーマに対話をするオンラインイベントを主催したりした。

女性たちと産まない選択について話をしていると「産まない人生になるだろうと思っていますけど、絶対に産まないとは言い切れない」という声もよく耳にするようになった。

決断を覆したら「選択をした」とは言えない……彼女たちの人生に向き合う真摯な姿勢が伝わってくる。

でも、産まない人生、もしくは産む人生を歩もうと人生のどこかで決意したとしても、人の考え方や価値観は変わるものだ。

たとえば「産みたくないと思っていたけど、やっぱり産みたい」と考える人も、それとは逆の経緯をたどる人も、数多くいるだろう。一度決めた自分の選択に縛られる必要はない。むしろ自由で柔軟性のある生き方こそが、最も大切なのではないだろうか。

また、決して無視してはならないのが「産みたかったけど、産まない人生を選んだ」もしくは「選ぶほかなかった」女性が存在していることだ。

最近、驚いたことがある。私の産まない選択に関する活動をきっかけに不妊治療を経験した女性たちと関わるようになり、彼女たちがみな、あえて産まない人生を歩む私の立場を肯定してくれたのだ。

もちろん不妊治療をしている、もしくはしたことのある女性全員がそうだとは言い切れない。

しかし不妊治療を経て子どもを授かった女性は「産んでも産まなくても、それぞれの人生があって良いと思う」と言い、授かることができないまま不妊治療を終えた女性は「子どものいない人生を生きるという意味で、私たちはいっしょだよ」と微笑んでくれた。

私は、彼女たちが苦しみや困難を乗り越えて新しい人生を歩むまでの痛みを完全には理解できない。彼女たちも、あえて産まない人生を選ぶ女性の存在を、不妊治療を始める前にどう感じていたのかはわからない。

しかし相手を理解できないというスタートラインから前に進んだ彼女たちは、考えの異なる女性たちを否定せず互いの経験を共有して、対話を続けようとしてくれている。

子どもを産んだ女性、産みたいと思っている女性もそうだ。

「子どもがいるから、いないから、私とは異なる立場の人のことを理解できない」それは正論かもしれない。でも、そこで思考停止をしてしまったら、産む女性、産まない女性、産みたくても産めない女性の分断はより深まるのではないだろうか。


先ほど少し触れたように、私のZINEを買ってくれたある女性は幼い子どもを連れていた。私はなぜ興味を持ってくれたのか聞きたかったが、質問をするのも無神経な気がして、ZINEを手に取る彼女を見つめていると「しっかりと産まない人生についても理解したくて」という言葉をくれた。

それは彼女にとっては、なにげない一言だったかもしれない。しかし私は、子どもを産まない選択をテーマにしたZINEを当事者として作れて、本当に良かったと感じた。

「産める性」という身体性だけを見て、女性の理想的な生き方を語る時代は終わった。スタンダードとなる女性の生き方はもう存在しない。私たちの人生は、それぞれ違いがあるからこそ対話をする機会が得られるのだ。

少子化対策より大事なこと

「どうして産まないの？」

「どうして産んだの？」

「どうして産みたいの？」


自分と異なる立場の人を否定するのではなく、お互いの意見を知るために、私も産んだ人や産みたい人にこの質問をしたい。私自身が「どうして産まないの？」と聞かれたら、「どうして産むのか、どうして産まないのか、お互いに話してみませんか？」と提案してみたい。

お互いに問いを投げかけて、相手の言葉に耳を傾けることは、女性たちが自分と異なる立場の人を認め合うきっかけになるはずだ。

いろいろな背景を持つ女性たちとの対話がそんな希望を抱かせてくれた。


世間には、「産まないと少子化は進む」という意見がある。

日本の少子化はもう止まらないと思うが、これから子どもが増えたと仮定しよう。その子どもたちの母親はみな、「産んで良かった」という幸福感に満たされているだろうか。

少なくとも私は、社会が変わっても産む気はないし、少子化対策のために無理をして子どもを産んでも、その子を幸せにする自信がない。私のような女性はほとんどクローズアップされないが、存在している。

だから、政治家には、今を生きている人それぞれを見つめてほしい。子どもがいる人、いない人すべてが幸せになれる方法を模索してほしい。「私は日本が好き」と笑顔で言えるような社会を作ってほしい。

それは少子化対策より大切なことだ。


「私は産みたくない」

その一言が言いにくい。

だからこそ、勇気を出して打ち明けようとしている人に寄り添いたい。エールを贈りたい。

私は今日も「産まない人生をあえて選ぶこと」を軸に、自分にできることは何か模索している。

第 2 章

産まない・産めない・産みたくない女性たち

1

子どもができたら どうしようと思いながら、夫とのセックスは避妊していない

専業主婦
安田紬さん（37）

結婚も出産もせず、仕事をがんばる。それが自分の人生だと信じて疑わなかった頃のことを、安田紬さんは懐かしむ。

自立したいと思いながらも、非正規雇用で毎月の生計を立てていくだけで精いっぱいで、なんとか実家を出てひとり暮らしを始めたものの現実は甘くなかった。貯金はたまらず、正規の職もなく、彼女は結婚を〝就職活動〟のようにとらえ始めた。

自然と、「結婚しない」という選択肢が消えた。

「結婚は生きていくために必要なことだったんです。マッチングアプリに登録したり結婚相談所に行ったりして、婚活を始めました。ただ気になったのは、子どもがほしいかどうかチェックを入れる箇所があったことです。ほしくない気持ちが強かったの

ですが、婚活中の男性は大体が子どもがほしいとわかっていたので、私も〝子どもがほしいですか〟という設問に○をつけていました」

それは、ほとんど諦めに近い感情だった。


昔から子どもが苦手だった。

というよりも、人間が苦手だったと言ったほうがいいかもしれないと安田さんは微笑む。

幼少期の家族構成は両親と兄と弟で、母が他人に馴染めないタイプであることに影響を受けたのか、自分や兄弟も人見知りでコミュニケーションが苦手だった。学校に行っても誰かと打ち解けて遊んだ記憶はない。

地元の女子高に進学すると、気軽に話せる友だちができた。彼女たちはよく「将来は結婚して子どもがほしいよね」と話しては、安田さんにも同意を求めた。

前章で触れたように、学校は小さな社会だ。大人の社会に根付く同調圧力もある。

そういった話になるたびに安田さんは場の空気を悪くしてはいけないと思い、「そうだね。私もそう思う」と笑って受け流した。「子どもなんて絶対にほしくない」と言ったら人間関係が壊れると考えたからだ。

両親も兄弟もいわゆる「普通」の家庭で、親から虐待を受けたことはまったくない。

しかし、自分より年下の子、それも自我を持つ前の幼児期の子どもがずっと嫌いで、自分が子どもの親になるなんて想像もしたくなかった。

子どもをつくらないなら結婚もしないだろうと考えた高校生の安田さんは、だんだんと仕事に人生を捧げる夢を見出した。

「医師は、生涯働くことができる職業だと言われているので医学部を目指しました。確実に自立できるし、安定して働いていたら子どもがいなくても周囲から何も言われないと考えたんです」

経済的な事情から国公立の大学の医学部しか受験できなかったが、不合格通知が届いたら次の年にまた挑戦した。

しかし、時が経って不合格通知が何度も届くと、自信が失われていった。

「長期間浪人生だったのですが、受験勉強ばかりして家にお金を入れないのも家族に申し訳ないなと思って、週に3回耳鼻科の病院で受付のバイトをしながら予備校に通っていました。5浪をして6回目の受験に失敗した時、もう医者にはなれないと落ち込んで、家から出られなくなったんです。いわゆるニートですね。気がつけば25歳になっていました」

同年代はみんな仕事をしたり恋愛をしたりして、人生のコマを進めている。リーマンショックの影響もあり正社員採用も少なくなっている中、安田さんはぽつんと社会に取り残された気分になった。

ニートをやめようと決めて、非正規雇用の仕事を渡り歩いた。今日はティッシュ配り、今日はイベントの仕事……さまざまな仕事を経験しながら日々が過ぎていった。

「当時の私は社会の底辺だった」と安田さんは静かに話す。

「お金がない、学歴がない、職歴もない。お金をもらえるならなんでもいいと思って日雇いのバイトをしていました。相変わらず人間嫌いだし、子どもがほしいなんて思ったこともないけど、もし自分に子どもができれば、私の遺伝でニートになるかもしれない。ふと私と同じ経験をしたらかわいそうだなと感じたこともあります」

一方、安田さんは料理が得意だったので、家では家事をよく手伝い、家族を助けていた。

ひと昔前なら「家事手伝い」として結婚前の準備段階だと言えば、正規の仕事に就いていなくても肩身の狭い思いはしなかったかもしれない。しかし、そんな時代は遠のき、女性も社会に出て働くことが当たり前になるのと同時に、未婚女性が「働かない」ことへの風当たりは時と共にどんどん強くなった。

「実家に甘えていられない、出なければ」と感じたのは、医者を目指していた頃の自立心も影響していたのかもしれない。それまで実家暮らしだったので、非正規雇用でもひとり暮らしできるだけの貯金があった。

30代になった安田さんは思い切って家を出て、生まれて初めてのひとり暮らしを始めた。

ひとりで暮らすようになってからも、将来のことを考えると「自分には何もない。どうしよう」という気持ちは常につきまとった。やがて「結婚」が頭に浮かんだ。結婚をすれば、堂々とひとりで生きていけるし、経済的な事情で困ることもない。

子どもがいらないから結婚しないと決意した10代の自分は、もうどこにもいなかった。

「結婚をするからには、子どももひとりくらい産まなければならないのかな……」

想像もしたくないことだった。

「子どもがほしくなったわけではなくて、結婚するための義務のように思ったんです。子どもがほしくて人あたりの良い女性は婚活でプラスになると思いタワーマンションの受付の仕事を始めて、マッチングアプリでさまざまな人に会いました。なんとしてでも婚活を成功させるために、貯金を崩して結婚相談所に登録していたこともあります」

生来真面目な安田さんは、受験勉強をしていた時と同じように婚活にも前向きに取り組んだ。メイク道具や男性の好感度を重視した服を買うことにお金をかけ、最大限のおしゃれをして何度も何度も異性に会う。もちろん心身共に疲れるし、なかなか結婚を考えられる相手に巡り合えず悩み、疲れ果てて泣いたこともあった。

婚活がすぐに成功しなかったのは安田さんに何か問題があったからではない。気遣いができて料理上手、外見もモデルのようにすらっとしている安田さんは、一般的に見て「モテそうな女性」だ。それでも結婚を目的としていっしょに生活できる相手と巡り合うのはむずかしく、若い時期を受験勉強や非正規の仕事に費やしてきた彼女は恋愛経験に乏しい一面もあった。婚活は難航して、未来の見えない毎日が何年も続いた。

しかし安田さんは忍耐強かった。

出会いと別れを繰り返し、婚活を始めて数年後、ある安定した企業に務める男性とマッチングした。交際はスムーズに進み、その半年後、彼からプロポーズをされて結婚を決めた。

やっと苦しい婚活生活が終わり、独身のまま非正規雇用で働くことに対する不安が解消されたのだ。

ただ問題がひとつだけ残っている。

「彼はマッチングアプリで、私が〝子どもがほしい〟欄に○を入れているのを知っています。結婚前だけではなくて結婚後も、もし彼が私のことを実は子どもを産みたくない人なのだと知ったら破局するかもしれない。子どもをひとりくらい産まないと、と考えていたことが現実に近づいていく感覚がありました」

安田さんの夫になった男性にはしっかりとした人生計画、そして家族計画があった。彼がつくった計画表を見せてもらうと、子どもがいることが前提になっていた。彼は子育てのための貯金もしっかりとしている。

「だから今も子どもがほしくないと夫に言えないし、避妊はしていません」

避妊していないなら妊娠する可能性はもちろんある。実際に子どもができたらどうするのかと聞くと、安田さんの表情が引き締まった。

「中絶は考えていません。自分の子だからかわいいと思えるかもしれないというわけではなくて、妊娠したら夫のためだと覚悟して、出産するしかないと考えています」

安田さんの述べる「覚悟」。それはパートナーである夫のためにあった。

子どもを望まないなんて絶対に言えないと思う一方で、安田さんの気持ちをラクにしてくれたのも夫だったのだ。

今、安田さんは夫の転勤に同行して徳島に住んでいる。休日はいっしょに四国地方をめぐり、自宅でも会話が弾んで、とても楽しく幸せな日々を送っているそうだ。昔は産まない選択と同じように結婚しない選択をしたいと思っていたが、安田さんのパートナーは彼女を「結婚して幸せだ」と感じられる方向に導いてくれた。

パートナーの言ってくれた言葉が、ずっと耳に残っている。

「子どもは授かりもの。もしできなかったら、ふたりでいっしょに楽しい人生を歩もう。不妊治療はしなくてもいいよ」

妻である安田さんから避妊をお願いすることはできないが、それを除くと安田さんにとってふたりきりの夫婦生活はとても充実している。

「幼少期からの子どもが嫌いだという気持ちや、自分の欠点が遺伝したらかわいそうと考えたこと……。それに加えて今は、子どもができて夫とのケンカが増えるのがいちばん怖いです。この幸せが、子どもができたら壊れてしまうのはたしかです」

子育てに対する夫婦の価値観の違いが理由なのかと思ったが、安田さんはそうではないと首をふる。

「私は子どもがほしくないんです。できてもかわいいと思えるかどうかわからない。もし思えたとしても思えなかったとしても、夫とのすれ違いは必ず生じます」

夫は愛せても、子どもは愛せるかわからない。そんな気持ちも伝わってきた。

今まで、安田さんは「結婚した女性が子どもを持たないこと」に対する多くの偏見にぶつかってきた。

「安田さんのため」という名目のもと放たれた言葉によって彼女は傷つき、それは子どもを産まないことへの罪悪感にもつながったという。

具体例を聞くと、「結婚したら子どもを産んで当たり前」と考える人たちから放たれた言葉を教えてくれた。


結婚が決まったあと、安田さんは職場の同僚に報告をした。みんな笑顔で祝福してくれて、とてもうれしかったという。しかしそのうれしさを一瞬で吹き飛ばすような言葉が、同年代で幼い子どもがいる女性から投げかけられた。

「次は子どもだね。もう30代なんだから、すぐに卵子凍結をしたほうがいい」

卵子凍結とは体外受精を行うために、まだ受精していない未受精卵を、子宮に戻す目的で凍結保存をする不妊治療の一種だ。

彼女は、早めに不妊外来へ行って子どもを産む努力をするのが当然だと言いたいのだろうか。その女性だけではなく周囲の同僚たちが「そうそう」とうなずいていたこともショックだった。

また、10代の子どもを持つ年上の同僚から言われたことも記憶に残っている。

「子どもってかわいいよ。早く産んだほうがいい」

早く産んだほうがいい。早く不妊治療をしたほうがいい。

そう言われた時の気持ちを聞くと、安田さんは「ドン引きした」と表現する。

「あの人たちは、女性に生まれたからには子どもがいたほうが幸せ、女性ならみんな自分が産んだ子どもはかわいいと信じ切っているんです。その価値観をこれから結婚する人に押し付けるのが良くないことだとも思っていません」

安田さんの話を聞きながら私は、そういった人たちは、きっと子どもを望んでいるが妊娠できなくて不妊治療をしている人にも同じことを言っているのではないかと感じた。

子どもが産めずに苦しんでいる人、あえて子どもを産まない選択をしている人。どちらの存在も無視して、ただ子どもを産むことは幸せなことだとのたまう残酷さに気づいていない人は非常に多い。

安田さんのエピソードで、私は自分が結婚した時、同業の女性になにげなく「子ども、楽しみですね」と言われたことを思い出した。

私の場合、「子ども、いらないんです」と笑って答えたが、その女性は「どうして」と聞いてきた。

そんな時、気を遣う性格の安田さんは、私とは異なり角が立たないように「そうですね」「私もそう思います」と言って逃げるようにしているという。

退職すれば、ストレスのたまる「アドバイス」をしてくる人と離れられる。

しかし、安田さんの気持ちを「ドン引き」で済ませられないほどずっしりと重くさせたのは、夫の親戚の結婚式で会った義父の一言だった。結婚式に来た妊婦の女性を見て、60代の義父はなんのためらいもなく「次はあなたの番だね。早いほうがいいよ」と言ったのだ。

「夫は父子家庭で育ったんです。だからこそお義父さん、孫がほしいのかなと思うとつらくなりましたね。うちは兄弟3人で、兄にはもう子どもがいるので、親が早く孫を……とは言ってこないんですけど、やっぱり夫の父親から言われるのはきつかったです」

その後、安田さんはパートナーに言った。

「お義父さんに会いに行く時に孫の顔を見せてあげられなくてごめんなさい」

パートナーはこう返してくれた。

「気にしなくていいよ」

あらためて安田さんは彼と結婚できて良かったと実感した。

安田さんは37歳だ。

友人や知人も、子どもがいる、いないだけではなく、正社員・非正規、既婚・未婚など、人生がさまざまな道に分かれている。

「子どもを産みたくない」と言っていた友人に子どもができ、壁ができたと感じたこともあった。

「出産するとやはり女性って考え方が変わると思うんです。女性同士で集まっても子ども中心の話になって、かみあわないというか、だんだんとうわべだけの付き合いになってしまって。会おうとしても、私も相手に子どもがいることで気を遣うし。子どもを産んだことで友人じゃなくなったとまでは言えないですけど、距離ができたのは間違いないですね」

子どものいる人と、いない人。

その距離感は、社会の中でますます広げられようとしている。

２０２３年、岸田文雄首相は「異次元の少子化対策」を掲げて、さまざまな政策を提示した。また、４月にはこども家庭庁が発足した。施策には児童手当の拡充や男女の育休給付を手取り１００％にといった内容が盛り込まれている。

安田さんに一連の政策についての感想を聞くと「しょうがないかな」と言いつつも、子どものいる家庭が政府の子育て支援に頼りすぎているのではないかと疑問を感じていると話した。

「子どもを産むことの責任やリスクをしっかりと考えて子どもを作っている家庭なら子どもも幸せだと思うし、そういう家庭への支援なら賛同したいと思っています。だけどＳＮＳを見ていると、子育ての金銭面をすべて国に頼ろうとする家庭とか、世間体や子どもがいて当たり前という風潮に流されて子どもを持つ家庭もあるのだなとわかって、違和感を抱きました。国に頼るだけではなくて、子どものために、自分でなんとかしようという気概を親が持って子どもを育てていたら、心からエールをおくれるのに」

そう言って彼女は唇をかみしめる。

安田さんは、知人、友人、親族、そして配偶者に対して罪悪感を抱いているという。自分が子どもを産んでいないからだ。不妊治療をしているわけでもないのに子どもを持たないのはわがままだと、多くの人が口にせずとも思っているのもわかる。

だが子どもを産まない選択をしているからこそ、「子どもを産む」というライフイベントについて客観的に考えることができる。

「こんな人たちがいますよね。子どもがいるけど今までどおり仕事をして、生活レベルを下げたくない。なんでも完璧にしたい。だから国に支援してほしい……。それはちょっと違うのではないでしょうか。中には、私たち子どものいない夫婦に将来の介護や老後の経済的なことは大丈夫なのか聞いてくる人もいますが、それって子どもを自分のために役立つ道具としてとらえている気がします。私は孤独死をしても、老後ひとりぼっちになってもまったくかまいません。それって、子どもがいるいないにかかわらず、誰でもそうなる可能性があるはずです」

たしかに子どもが自立してパートナーに先立たれれば、誰しもが孤立する。少子化対策より、独居老人が増えた時に備えて何をするかを社会全体で考えていくべきなのではと私は思っているが、安田さんにはすでに孤独死までを見据えた覚悟があった。

30代後半になった安田さんは、そろそろパートナーに子どもをあきらめることについて切り出そうかと考えている。生理が予定通り来なくて不安になるたび、妊娠検査薬でたしかめて安心することにも疲れてきた。

高齢出産のリスクはパートナーも知っているはずだが、今のところはそのリスクについて話し合う勇気が出せないでいる。

安田さんは、機能不全家庭に育ったわけではなく、今の日本政府に苦言を呈したいわけでもない。むしろ政治に関しては保守的だと安田さんは自負している。夫にも身近な人にも言えないが、安田さんの「私は子どもを産みたくない」という気持ちは強い。

最後に子どもを産みたくない理由をひとつだけあげてほしいとお願いすると、安田さんは首をかしげながらこう答えた。

「昔から子どもが嫌いだし、子どもがほしいと思ったことがまったくないんです。血のつながった姪を見てもかわいいと思えないし。子どもができた場合、自分の欠点が子どもに遺伝したら心配だし、夫との幸せな毎日を子どもによって壊されるのが怖い。いろいろなことを含めて、子どもがほしくない気持ちはずっと続いていますね。理由をひとつにしぼることはできません」


「私の生活、どうなるんよ」

前の夫と離婚することになった時、思わずそんな言葉が口から出た。

非正規雇用で、東京で暮らすなんて、並大抵のことじゃない。

結婚は就職に等しい。

そんな安田さんの気持ちが手に取るようにわかったのは私も生計を立てられなくなる恐怖を味わったことがあるからだ。

ただ、彼女は、私にはない覚悟があった。

「孤独死しても、老後ひとりぼっちになってもかまいません」

はっきりとそう話す彼女を見て、私は子どもがいない老後を少し心配していた自分が恥ずかしくなった。

専業主婦で夫に子どもがほしくないことを言えない安田さんは、気を遣った様子で話す。

だけど、強い。
彼女には夫と共に生きる人生をサバイブするための、覚悟と強さがあるのだ。

2

男性社会で仕事をするために産まない

フリーライター
鈴木麻理奈さん（34）

毎日のように私は思い、時には口に出して言語化する。

「自由と不安定は隣りあわせだなあ」

インタビュー依頼が編集者から届く。

書評や漫画評、エッセイの企画が通る。

どちらもうれしいことだ。

候補日を出すためにスケジュール帳を開いて、今月は土日祝を含めて空いている日が2日しかないことに気づく。

なんて幸せなことだろう、と感じてしまうのは、私がワーカホリックだからだろうか。それとも、フリーランスだからだろうか。

当たり前のように〝この2日間なら、終日取材に行くことが可能です〟とメールを打ち、先月の収入を確認する。

今月はこんなに忙しいのだから、きっと先月より収入は上回るだろうと、思わず期待してしまう自分に気づく。

フリーライターの私にとって忙しさと収入は比例しない。ある月は数万、翌月は数十万の振り込みがあるなんて日常茶飯事である。

それが私の望んだ人生なのに、どうしても安定を求めてしまう時がある。毎月決まったお給料をもらって有給休暇や長期休暇がある会社員の友人を見ると、うらやましいと感じてしまう。

しかしすぐに、自分の会社員経験を振り返り、リスクはあってもフリーランスのほうが向いているなと思い直す。

今回、取材に応じてくれた鈴木麻理奈さんは私と同じフリーライターだ。

東京や大阪といった都心ではなく、青森に住む鈴木さんは、フリーランスとして、そしてひとりの女性として、出産やキャリアについて考えていることがある。

現在、鈴木さんは34歳。今まで仕事で関わってきたさまざまな女性たちとの出会いによって、子どもを産まない人生と向き合うようになった。

彼女は私と同じようにフルタイム勤務を経験したあと、専業でフリーライターをする人生を選んだ。

地方在住のため、東京より案件が少ないので大変だと話すが、自治体から請け負った仕事もこなす彼女は、自分にとっていちばん重要なのはキャリアだと語る。

「結婚して出産して、子育てをする。20代の頃から、それよりも仕事をたくさんして稼ぎたいという気持ちが強かったですね。今は前よりももっとそう思っています。フリーランスだし、子どもができてキャリアが断絶したら、復帰できなくなるかもしれないですよね。それから、もうひとつ」

彼女は言葉を選んで、ゆっくりと言った。

「私は、35歳をひとつのラインにしているんです。今は34歳。おそらく35歳までに出産することはないので、産まない人生を歩もうと考えています」


鈴木さんは3姉妹の長女として生まれた。

専業主婦として自分たち3人の育児や家事にいそしむ母親を尊敬する一方で、自分のロールモデルとしては見ていなかった。

「子どもの頃からキャリアを優先した人生にしようと考えていました。結婚や出産はできたらしたいと考えていましたが、実家を出る前から仕事のことが頭にありましたね」

高校卒業と同時にひとり暮らしを始めた。短期大学に通い、図書館司書の資格をとってから国立大学に3年次編入をした。

「自分が好きにならないと付き合えない」と話す鈴木さんは、恋愛経験はあったが、結婚や出産につなげて考えたことがなかった。短期大学や大学では友人や彼氏と過ごすプライベートを充実させつつも、しっかりと研究に励んだ。

短期大学で司書の資格をとったあと、大学でも図書館についての研究をしたという。

「研究のテーマは、〝絵本の読み聞かせが人にどんな影響を与えるのかについて〟でした。私自身、絵本も子どもも好きだったんです。だから就職活動も出版社を目指して内定をいただいたのですが、口コミでとてもハードだとかあまり良い情報が出てこなくて。親も心配していたので出版社の内定は辞退して青森に戻りました」

そこで最初に就いた職業は図書館司書で、鈴木さんは児童図書室の担当になった。働いたのは数年だったが、25歳の時、付き合っていた彼氏となにげなく会話をしていると、「結婚したら専業主婦になってほしいんだよね」と言われた。

「プロポーズではなかったんですけど、彼との結婚生活を思い描くきっかけになりました。〝私のキャリアはどうなるんだろう。結婚することで途絶えたらいやだな〟と思ったのはその時です。そして、同時に気づきました。私は家庭生活を営んで家事や育児に専念するより、仕事をしている自分のほうが好きなんだって。最終的にその彼氏とは別れました」

もちろん鈴木さんは、専業主婦をしている人のことを否定するつもりはない。ただ家事や育児に勤しんで、仕事をしていない自分が想像できなかったのだ。

「その時の年齢である25歳が境目だったかもしれません。それからは仕事を第一に考えるようになりました」

司書になることは夢だった。一方で司書として働きながら、自分が本当にしたい仕事は何なのか、心の中で思い描くようになった。

「学生時代の就活で出版社を受けた理由は、情報を発信する側になりたいと思っていたからです。その時の気持ちがよみがえりました」

図書館司書は公務員なので副業禁止である。それでもボランティアというかたちなら、勤務時間以外で何かができる。

鈴木さんは青森にある制作会社で情報誌制作のアシスタントを始めた。

ライターになりたいと考えるようになったのは、その頃からである。

ある日、鈴木さんは勤務先の図書館で自治体の男女共同参画センターが編集スタッフを募集していることを知った。

すぐに連絡をして、男女共同参画センターでも広報誌の制作スタッフを始め、取材や撮影をまかされた。夢のひとつだった発信をする側になったのである。

のちにこれが鈴木さんにとって、出産や自分のキャリアについて考える大きなきっかけになる。

図書館に勤務しながら、制作会社と男女共同参画センターでボランティアをする日々が始まった。いわゆる三足のわらじを履いていたのだ。そんな生活を2年続けた頃、キャリアアップのチャンスが舞い込んだ。

「欠員が出るから、正規の職員にならない？」

男女共同参画センターからの打診だった。

鈴木さんは受け入れて図書館を退職した。

「男女共同参画センターの目的は、誰もが自分らしく生きていくために、必要な知識や技術を身につけることでした。私は広報誌制作のほかに、講座の運営も担当しました。内容はアンガーマネジメントやロジカルシンキング、つまり自分の感情をコントロールするための啓発の講座ですね」

そこで鈴木さんはいろいろな立場の女性たちに出会った。

子育てをしている人、会社員、フリーランス……それぞれが向き合っている人生はさまざまだった。経営者向けのビジネス講座を開いたこともある。講座以外では、シニア層が参加する地域活動も開催した。

参加者の年齢層は幅広く、それぞれの考え方や悩みを聞くことがたくさんあった。

それが鈴木さんに大きな影響を及ぼした。

「子育てのために断絶してしまったキャリアを取り戻すためにここに来たと話す利用者がいらっしゃって、もっとああしたかった、こうしたかったって嘆いていて。育児と仕事を両立できない理由は、どこにあるのだろうと考えました」

男女共同参画センターを訪れるのは、女性やLGBTQの人たちが多かった。

鈴木さんは話を聞くたびに今も社会は男性優位であると実感した。ライフステージが変わった女性たちは、男性より不平等な立場におかれていることを、あらためて知った。

「フェミニストかと言われると自信がないし、必要以上に女性が優遇されるべきだと訴えたいわけじゃないんです。ただ結婚や出産で一度キャリアが途絶えるのはほとんど女性ですよね。そこから復帰してまたキャリアを形成するのはむずかしい。私個人としては年齢で区切りたくないけど、35歳を超えると復職がむずかしくなるのは事実なのだと知りました」

鈴木さんが出会ってきた女性たちは、典型的な日本の雇用問題を抱えていたのだ。

未経験の若者が有利な新卒一括採用、出産や育児による女性のキャリアの断絶、そして非正規雇用の待遇の悪さ……。

経験豊富で専門の技術を持った人が、30代以上になっても就職しやすい海外の一部の国とは異なり、日本はあらゆる場面で、年齢で人を分ける。履歴書の年齢欄を見て、経験より若さが評価されてしまう。

だんだんと社会の風向きは変わりつつあるが「新卒カード」はいまだに強力だ。

また、２０２３年に刊行された『日本労働年鑑』第93集（旬報社）によると、女性労働者のうち非正規雇用就業者の割合は、２０２２年時点でも53・４％である。同年の男性の場合は非正規率22・２％なので、非正規雇用で働く人は女性のほうが圧倒的に多い。

男女雇用機会均等法が制定されてから約40年の月日が経っても、男女の賃金はいまだに歴然とした差がある。このように、日本の労働市場において、女性は経済的自立が困難な状態にあるといえる。

「それから、35歳にはもうひとつの壁があると感じています」

鈴木さんは資料を取り出して、それを見ながら言った。

「ある日、男女共同参画センターの情報誌を作る会議で、編集スタッフと女性の体のことを話していると〝35歳〟という言葉が出てきたんです。キャリアだけのことじゃなくて、女性の体も変化する年齢なんじゃないかと話したのをきっかけに、情報誌で女性の健康とキャリアについてのページを作り始めることになりました」

鈴木さんは、すぐに情報収集を始めた。

「女性が妊娠しやすい年齢や、35歳以降は女性のホルモンバランスが崩れていくことは医学的にもはっきりとしていました。当時の日本女性医学学会理事長が監修した書籍『女性の健康と働き方マニュアル』（水沼英樹・監修、NPO法人 女性の健康とメノポーズ協会・編著／株式会社SCICUS）を参考にしながら、独身で20代半ばの自分の立場から、男女共同参画センターの情報誌の誌面を作って発信しました」

35歳以上になっても、子どもを授かる人はもちろんたくさんいる。しかしホルモンバランスの低下により、子どもを産める確率が低くなるのはたしかだと鈴木さんは知った。

そして彼女は、プライベートでも女性の体に対して悩んでいる周囲の人たちが多かったことに気づいた。

「母が更年期障害ですごく暑がるんです。今も治らなくて、暑い暑いってずっと言っています。友人にも生理前の心身の不調に悩まされている人がいて、どうしてこんなに苦しい人がいるんだろう、それを緩和するにはどうしたらいいんだろうと気になっていました」

編集スタッフが口にした「35歳」がのしかかる。

妊娠率が下がり、ホルモンバランスが崩れ始め、キャリアの復帰がむずかしくなる年齢であることが身に染みた。

当時の鈴木さんは20代後半だった。何年か経てば30歳になる。35歳になった時、自分は何をしているのかを真剣に考え始めた。

「私には図書館で働いていた頃から、ライターの仕事で生計を立てたいという夢があったんです。でも社会人になって、月日の流れに身をまかせていると、ものすごい速さで時が過ぎていきますよね。自分が最優先したいことは何なのだろうとあらためて自問自答しました」

結婚。出産。仕事。

35歳になった時、自分は何をしていたいのだろう。

「私が最優先にしたいのは、自分の夢を叶えて、ライターで食べていくことだと気づきました」

いろいろな側面から、子どもを産んで育てることについても考えた。

子どもの養育費の資料を見た時は驚愕した。こんなにもお金がかかるのか。

地方は、東京と比べるともちろん賃金が安い。ダブルインカムでもカツカツだろうと思った。

「結婚をして、相手の収入に頼るという生き方はまず自分の選択肢になかったし、やはりライターとしてのキャリアを築いている35歳の女性が自分の将来の理想像でした」

男女共同参画センターでの勤務は、新たな人間関係の構築にもつながった。仕事を通して鈴木さんはフリーのデザイナーや広告代理店の人たちと知り合った。

「通常、官公庁が発行する冊子であっても、短い文章なら市役所の職員が書いてしまうんです。でもインタビューもできるライターは重宝されて、だんだんと広告代理店から行政関係のライターの仕事を請け負うようになりました」

男女共同参画センターが副業可能で良かったと鈴木さんは振り返る。

「まずは副業として、ライターの仕事の幅を広げました。今の時代はインターネットで東京のライターの案件を請け負うこともできます。営業をかける際、男女共同参画センターで情報誌制作をしていたことや、広告代理店からもらったインタビューの仕事は実績として役立ちました」

じょじょに青森で専業ライターとして生計を立てることができるという自信がついた鈴木さんは、男女共同参画センターを退職した。ちょうど30歳になる年だった。

「月給制の仕事とは異なり、フリーライターは積み重ねていった分だけ報酬がもらえる成果主義の職業です。その点でもライターは自分に合っていたんだと思います」

最近は船に乗ったり工場に入ったりする、青森ならではの取材の仕事が多いという。鈴木さんは長靴を履いて畑を歩き、農場の取材をする。

「思い描いていたのは、ハイヒールで街を歩くキラキラしたフリーライターの自分だったんですけど、青森だとそうはいかないですね」

そう笑う鈴木さんは、言葉と裏腹にうれしそうだった。私が東京にもそんなキラキラしたフリーライターなんてほとんどいませんよ、と言うと驚きつつ笑った。

どのフリーライターにも言えることだと思うが、へとへとになってライターを辞めたいと思うこともある。自分が辞めても、ほかの誰かがその仕事をするはずだ。しかしそんな時、鈴木さんは決まって今まで仕事をくれた人の顔が思い浮かぶという。

夢だったライターになれたのだから、そのキャリアを手放したくない。

そうして34歳になった鈴木さんは、20代の時以上に、リアルに自分のライフステージについて考え始めた。

「今はパートナーもいないですし、不妊治療や子育てにお金をかけるのもちょっと……って気持ちがあって。子育て中はバリバリ働くのもむずかしいですよね。今までできたことができなくなる恐怖があります」

フリーランスなので、なおさら誰も頼れない。

そして何より、鈴木さんが意識していた〝35歳〟が近づいている。

仕事に励む鈴木さんに対して、周囲の友人や家族も否定するようなことは言わなかった。

ただ、親戚の集まりになると違う。

「親戚のおじさんにね、結婚するのはいつなんだって言われるので、もう集まりには行かなくなりました。ただ私の代わりに両親が言われているんだろうな。申し訳ないですね」

結婚や出産をしない女性に対する無理解はなくなってはいないのだ。

鈴木さん自身、今も少女漫画を読んで「恋愛したいなあ。誰かいないかなあ」と憧れることはある。

結婚も出産もしていない30代女性にとっては、鈴木さんは身近な存在なのではないだろうか。彼女を見ていると、私は社会でマイノリティ扱いをされている産まない人生を歩みたいと願う女性が、決して珍しい存在ではないとあらためて思う。

〝今は良くても、年老いてから産みたいと思っても無理なんだよ〟

私は、産まない女性に対してよく投げかけられるこの質問に対して、鈴木さんがどう感じているのか知りたくなった。

「産んだとしても、産まなかったとしても、後悔するんじゃないかな。ただ産まなかったことによる後悔は自分ひとりで済むけど、産んでしまった後悔は結婚相手や子どもにも影響する。だから今のところは産まない後悔を選びたいですね」

なぜ34歳でそこまで腹を決めているのかを聞くと「男女共同参画センターでさまざまな女性の生き方を見てきたからだと思います」と鈴木さんは答えた。

「自分のことで精いっぱいなのに、子どものことをいちばんに考えて生きる女性がたくさんいたんです。そのことが自分の人生を生きるってどういうことなのだろうと考えるきっかけになりました。女性は産む性として身体ができていて、私の場合、性自認も女性です。そうなると少子化を理由に出産を求められてしまう。でも、私は少子化対策のために生まれてきたわけじゃないですよね。それに少子化による不利益って子どもを産むことで解消するんでしょうか」

たしかにそうだ。

「少子化前提の仕組み作りをせずに、産むように勧めてくる政治家の多くは男性ですよね。産めない性が、産まない選択も産む選択もできる性、もしくは体は女性だけど産めないかもしれない性に対して、出産を求める。おかしなことですよね。あなたが女性なら、自分のキャリアや大切なものを捨てることになっても産みますかって聞いてみたいです」

女性が自分の人生を生きること。

等身大の鈴木さんの言葉のふしぶしから、その大切さが伝わってきた。

私と鈴木さんはどちらもフリーライターなので、取材後、仕事の話で盛り上がった。会話が終わり鈴木さんと別れると、不思議なことに話を聞いている最中より彼女の言葉が熱を帯びていくのを感じた。

出産によって今までできていたことが、できなくなる恐怖。

当然、できなくなることはたくさんあるが、そのことを話している人は少ない。なぜなら、言いづらいことだからだ。それを口にすることで、疎外感を抱くことになったらいやだな。そう思って、私も口を閉ざすことが多い。

鈴木さんは35歳を区切りにしていて、今のところは産まない選択をしていると言ったが、今後の人生で考えが変わって産む人生を歩むことになっても、鈴木さんは鈴木さんらしく生きていけるだろう。

自分の人生についての考え方を言語化できる人なのだから。

長い人生の中で柔軟に選択肢を変えることも、私たちの権利である。社会が「子どもを産みなさい」と政策を進めても、それに従う必要はないのだ。私たちの人生は、自分だけのものだ。

3 不妊治療に費やしたのと同じ年数、産めないことに傷ついてきた

ウェブデザイナー
藤原莉乃さん（52）

私の人間関係をいっきにラクにするアドバイスを聞いた。

「〝子どもとはどんな感じ？〟って聞いてくる人、いるでしょ。そういう時、ごまかしてしまうかもしれないけど、言われる前に自己開示してもいいよね。めちゃくちゃ明るく、テンション高めに〝うち、子どもいないからパートナーと早くごはん食べちゃうんです〟というようなことを言うの。〝普通です〟みたいな感じでね。そうしたら相手も〝そうなんですね〟で終わる」

なるほど。

それでは、お決まりの言葉「女性は子ども産んでこそ一人前だよね」や「子どもいないと老後が寂しいよ」と言われたら？

「これは妊活関係の本にも書いてあるんだけど、まず驚く。〝ええっ！〟とか〝ガーン！〟とかね。次に相手の言葉と同じことを言うの。〝子どもを産んでこそ一人前ですか……〟。それから最後に、自分の気持ちをそのまま言葉にする。〝ショックです〟〝傷つきました〟って感じたことを、そのまま言うの」

インタビュー中は録音している。そのことを一瞬忘れて、私はメモ帳に藤原莉乃さんが言ったことをどんどんと書いていった。

私は30代後半だが、今後の人生で使えそうな内容ばかりである。

世の中には「女性は子どもを産んで当たり前」と思い込んでいる人がいる。彼らに悪気はないのかもしれない。

しかし自分が無意識のうちに言ったことが相手を傷つけていると知り、「子どものいない人のことを考えよう」と思ってくれたら、その意義は大きい。そういった人が世の中にどんどん増えれば、子どものいない女性が傷つくことも少なくなるのではないだろうか。

そして私のようにあえて子どもを産まない人生を選んだ人も、藤原さんのように不妊治療を経て産まない人生を選ばざるをえなかった人も、これを実践すれば、自分の心を守れるだろう。

藤原さんは、現在52歳で不妊治療の経験があり、今はフリーランスとしてウェブデザインの仕事をしながら、パートナーといっしょに子どものいない人生を歩んでいる。ふたりで人生を楽しみ、今年は車中泊をしながら登山にチャレンジするつもりだと楽しそうに話してくれた。

しかし藤原さんは、50歳になる頃まで、つらい思いをたくさんしてきた。40代半ばまでしていた不妊治療。子どもを授からないまま治療を終わらせた苦しみを癒すには、不妊治療をしていたのと同じくらいの年月が必要だったのだ。

「産む」と「産まない」を考える時に、絶対に無視してはいけない。

産みたくても、子どもを授かれない人がいることを。

彼女たちは今、子どもを産めることを前提とした日本の少子化対策を、どのような思いで見ているのだろうか。

そしてまた、子どもを産んだ人の心ない言葉だけが、彼女たちを傷つけていると思いがちだが、私たちの「子どもを産みたくない」という発言も、時として刃になるのではないかと感じた。しかし藤原さんはこう言ってくれた。

「最初から産まない人生を歩もうと決めている人は、自分自身に問いかけができてるんだよ。産むか、産まないかという問いかけが。子どもを産んで少子化を食い止めようという社会の圧力に負けていないって、すごいことだと思う」

不妊治療を経験した人にとっては、「産まない」選択をしている私は理解しがたい不快な存在なのではないかと、何度も思ったことがある。藤原さんがそんな私を肯定してくれたのは思いがけないことだった。

もちろん藤原さんのような人ばかりではないだろう。

産めるのに産まないなんて。

中にはそう感じる人もいるかもしれない。

でも藤原さんには、産むこと、産まないこと、そして産みたいのに産めない人が不妊治療をすることを決定する権利は女性が持っているという考え方が、根底にあった。

子どもを産まない選択というよりも、藤原さんの場合は、子どもを産む選択ができなかったと言うほうが近いだろう。

不妊治療を辞めた時に、彼女には選択肢が「産まない」しかなかったのだ。

藤原さんが不妊治療を始めたのは42歳だった。彼女はそれから5年、不妊治療を続けた。

早く子どもを産んだほうがいいと、時に人は当たり前のように口にする。誰もが若ければ子どもを授かれる、子どもを授かったら幸せになれると信じ込んでいるのだ。

藤原さんの今までの人生について書いていきたい。4人兄弟の長女として生まれて、ほかの兄弟は全員男性だったという。

「父親はその時の興味や関心でころころと仕事を変える人でね、それに家族が巻き込まれていたの。子どもの頃から借金取りが来たこともあったし、お金が払えなくて電気やガス、電話が止まったのを覚えてる。そのうえ父には愛人もいた。父は性依存症の傾向もあったかもしれないね。大人になってから母に聞いたんだけど、祖父母のいる隣の部屋でセックスを強制されたこともあったんだって。母は私たち4人を産んだほかに、ふたり、子どもを中絶してるみたい」

今であれば、夫婦間であっても同意のないセックスはレイプであるという認識が広がっているが、当時は家庭内での性的同意は尊重されていなかった。

藤原さんが中学生になると両親の夫婦仲はより険悪になり、高校生になるとそれに加えて祖母が要介護状態になった。

藤原さんが20代になっても、父親の仕事がうまくいかないため、食費や学費など必要なお金は母親がひとりで稼いだ。弟たちはまだ10代だ。

藤原さんは必死で祖母や弟たちの世話をした。兄弟でたったひとりの女性ということもあり、家事をしたり祖母の排泄や食事を手伝ったりして奮闘した。

「今でいうところのヤングケアラーになるしかなかったんだよね」

その頃の社会では今よりも「上の子が下の子の面倒を見るのが美徳」、「自分のしたいことを犠牲にして家族に尽くす人は素晴らしい。兄弟の中でも女の子が家事を担うべきだ」という価値観が存在していた。

すなわち家事や介護の比重も、子どもの中で藤原さんがいちばん大きかったのは当時の感覚では当然のことだったのだ。藤原さんは、自分は家族にとって「いい子」でいなければならないと感じていた。

藤原さんが20代半ばの時、両親は離婚する。もちろん藤原さんの家事や介護の負担は変わらなかった。

20代。友人と遊び、夜更かしをして趣味に没頭し、恋愛に夢中になる同い年の女性たちも多かっただろう。

「複雑な家庭環境で育って、家族とどう折り合いをつけていくか、若い頃はずっと考えていたな。今のパートナーと付き合い始めたのも20代だったけど、複雑な家庭でヤングケアラーだったことが影響したのかも。結婚していなくてもパートナーシップは築けると考えてた」

婚姻関係を結ばないパートナーシップと聞くと、時代の先端を走っているように感じられるが、当時の藤原さんは家族の問題に直面していた。

一方、大家族で育ったこともあり、子どものいる家庭を築く未来は、当たり前のように来ると信じていた。ただ20代の時点では、それどころではないと感じていたのだ。

そんな中、弟が病気になってしまう。

疲れ切った藤原さん自身も、体調を崩したあと、パニック障害を発症した。

「すべてが落ち着いて、やっと心身に余裕ができたのは30代になってからだね。自分の人生を生きている実感が得られたのがうれしくて、仕事に没頭した」

10代、20代の頃の家庭での困難がようやく落ち着き、30代になった藤原さんは会社員としてばりばり働いた。

周囲には40代で子どもを授かった人もいたので、「私もそうなるだろう」と自然に感じていたという。

「年を重ねるごとに妊娠しにくくなるといった生殖に関する知識はなかったな」

このことは私も学校の性教育で教えてもらった記憶がない。どこでそれを知ったのかも覚えていない。

男性も女性も、そういった知識を得る機会がほとんどない時代が続いていたのだ。

今は学校でしっかりと教えているのだろうか。

藤原さんは思った。

子どもはいずれほしい。でも、今じゃなくてもいい。

充実した仕事をして日常生活を送るなんて20代ではできなかった。藤原さんはそれができるようになった喜びでいっぱいだった。

「まとめると、20代で最優先にしていたのは家族、30代は仕事だったね。結婚は30代半ばまでは考えていなかったんだけど」

40歳が近づいた頃、母が病に倒れた。

すぐに兄弟で相談して、母をケアしてもらえる病院を探し、母はそこに入院したが、病は重く母は生きる希望を失っていた。

「38歳の時、22歳から付き合い続けたパートナーと入籍したのは、婚姻制度を利用したほうが税金とかでメリットがあったのと、何よりも母が死ぬ前に孫の顔を見せてあげたかったんだ」

そうと決めた藤原さんは、自主的に卵胞チェックを始めることにした。そのために婦人科に行くと、予想外の事態に直面した。子宮筋腫の診断を受けたのだ。

当時の主治医は軽い調子で言った。

「筋腫があるのに妊娠なんて無理」

子どものいる家庭は、自分が望めば築けると思っていた。藤原さんの思いは、婦人科医の言葉によって砕けた。

この時を境に藤原さんがその婦人科に行くことはなくなるのだが、婦人科医の冷淡な言葉が、彼女が不妊治療を始めるタイミングを遅らせた。

藤原さんは42歳になってから、思い切って子宮筋腫を切除する手術をした。すると今度は生理が来なくなった。

母が死ぬ前に孫の顔を見せてあげたい。

しかしこの思いが叶わないまま、母親は亡くなった。

「看取った時は人生ってこんなにつらいことがあるのかと思った。母のおかげで私たちは育つことができたから、精神的にも肉体的にもボロボロになったよ」

個人的な意見だけど、と前置きをしたうえで、藤原さんは、「生理が来なくなったのは母親の最期を目にしたストレスもあったのかもしれない」と話した。

それでも人生は続く。

子どものいる、自分にとって当たり前だった未来を手にしたい。

「妊娠なんて無理」と言った婦人科医からは離れて、ほかの産婦人科に通うようになっていた。主治医はやさしく患者に接してくれる人で、もっと早くこの医師に出会えば良かったと感じた。

生理の来ない藤原さんは、「早発閉経」だと診断を受けた。

閉経？　閉経をすると子どもが産めなくなるのでは？

無知な私の気持ちを見透かしたように、藤原さんは説明してくれた。

「あまり知られていないかもしれないね。早発閉経になった人も不妊治療はできるんだよ。そこからは早発閉経を治すためではなく、妊娠するための治療が始まった」

藤原さんは早発閉経だとわかってからすぐ、本格的に不妊治療を開始したのだ。

病院によっても異なるが、不妊治療には流れがあり、徐々に内容がステップアップしていくという。

まずは超音波検査などで排卵の時期を知り、妊娠に適した性行為の時期を決めるタイミング療法、次は子宮の入り口に管を入れて配偶者の精子を子宮に注入する人工授精、それでも妊娠に至らなければ体外受精などに進む。

「体外受精は、卵子と精子をそれぞれ体外に出していっしょにするの。受精卵が成長したら子宮に移植して、そのままうまくいけば妊娠する」

ここまでの過程を経るのがむずかしい。年齢が上がれば上がるほど、うまくいかない可能性が高まる。

「体外受精の時にたくさん卵子ができるように、何日も自己注射を打たなければならない時もあって、うまくいくかどうかいつも不安だった」

聞いているだけで、心身共に苦痛を伴うものだということがわかる。妊娠に至らなければそれだけ時間がかかり、医療費も高額だ。

藤原さんは約5年、不妊治療による心身の苦しみに耐えた。

厚生労働省によると、藤原さんの不妊治療中と異なり、２０２２年4月から不妊治療の保険適用が始まって助成金が出るようになったが、年齢や回数は限定されている。

「それでも、ないよりはいいよね」

昔はなかったのにとネガティブにとらえず、今、不妊治療中の女性たちを藤原さんは応援している。

そして不妊治療中、つらいことはそれだけではなかった。

「不妊治療を始めるとなると、仕事との両立も大変になってくる。特に私の当時の職場は、子持ちの女性が多くて聞こえてくるのは子どもの話ばかりだったんだよね。隣の席の女性が妊娠してお腹がどんどん大きくなっていく様子も見なければならなかった。子どものために彼女たちが休んだらそのぶん業務量も増えて、子どもがいないからという理由で出張の仕事も私にまわってきたよ。それでも」

子どもがいる大変さについて話をされると、何も言えない……。

思い切って上司に頼んだ。

「不妊治療を優先させてください」

不妊治療を優先しても迷惑がかからないように、藤原さんは仕事の進め方について具体案を考え尽くしていた。

すべて説明したのだが、上司は聞く耳を持たず「それでどうやって会社を回すの?」と許さなかった。

同じ女性であっても、不妊治療をしている人の苦痛や、子どものいる人ばかりの職場で感じるストレスを理解できるとは限らない。

藤原さんの職場は女性が活躍していた。それでも「産めない」人を傷つけるコミュニケーションがまかり通っていた。

仕事の合間を縫って不妊外来に行き、現実を突きつけられて「まただめだった」と落ち込みながらも、平気なふりをして職場に戻る。

「家ではパートナーとケンカもたくさんしたね。でも振り返ると、私のことを考えてたくさん支えてくれていた」

藤原さんのパートナーは、もともと子どもはいてもいなくても、どちらでも良いというスタンスだった。

パートナーの話題になると、藤原さんは今になってよく思い出すようになった、ある冬の夜の出来事を教えてくれた。

その日も藤原さんは、うまくいかない不妊治療に疲れ果てて泣いて帰ってきた。ベッドに倒れこんだ藤原さんを案じて、パートナーは湯たんぽを枕元にそっと入れてくれたそうだ。

「不妊治療中は価値観の違いで何度もぶつかったけど、そのぶん絆は深まったと思う。

今は衝突しても〝私たち違いがあるね〟で争いが終わるの」

自分とパートナーは「ぶつかり上手」になったんだ、と藤原さんは気づき始めた。

「同じ考え方ではなくても、いっしょにいられると気づいたのは、不妊治療を経験したからだね。今は不妊治療中と比べたら、今後の人生で起きることってそんなに大変なことじゃないよね、という感じでいるよ」

どれほど不妊治療が過酷なものだったのかが伝わってきた。

友人のやさしさに触れたのも大きかった。

「がんばったねって、努力やつらさを認めてくれる、仲の良い友人たちがいてくれたのはありがたかった」

しかし職場は違う。

藤原さんが不妊治療をしていることを知らないとはいえ、子どもの話で盛り上がる同僚たちのすぐ側で、このままもやもやしながら仕事と不妊治療を両方続けていたら……。死ぬ時に「不妊治療をやりきれば良かった」と感じるかもしれない。それだけは避けたい。

退職を決断した。

会社をやめることを告げた時、不妊治療をしていることを初めて上司以外の同僚に打ち明けたのだが、自然妊娠で子どもを産んだ女性たちは、産めない人の気持ちを自分事にはできなかった。

「やっぱり子どもはかわいいもんね」

「治療してでも子どもを持ったほうがいいよね」

彼女たちに悪気はなかったのだろう。

治療をすれば子どもはできると、単純に信じ込んでいたのかもしれない。

そうではないことを、知る機会がなかったのかもしれない。


退職してからしばらくして、受精卵が育った。期待したが妊娠には至らなかった。

藤原さんはとうとう不妊治療に終止符を打つ決意をした。

「不妊治療に費やした約5年と同じ年数、立ち直るのに時間がかかったよ」

それを聞いて、はっと自分の想像力のなさに気づかされた。

私は不妊治療未経験者なので、不妊治療中の女性は治療を辞めればすぐ立ち直れるものだと無意識のうちに思っていたのだ。

費やした年月、経済的な負担、そして心と身体の痛み。

少し考えればすぐに回復なんてできるはずがないのに、と自分を恥じた。

藤原さんが立ち直るまでの月日は、聞いているだけで心が締め付けられるようだった。

街で子どもを見ると、悲しい気持ちになっている自分に気づいて、じわっと涙が出てきたという。

子どもの声はかわいいに決まっていると言う人。

無断で職場に自分の幼い子どもを連れてくる人。

周りもいとしい存在だと思ってくれると信じ込んでいるのかもしれない。

しかし、そのことによって痛みを感じる人は存在している。


つらい日々の中で、藤原さんは子どもを授かれず不妊治療をあきらめた年上の友人を思い出した。彼女は「子どもがいなくても大丈夫だよ」と話していた。

産まない人生にも、希望がある。

そう感じつつもなかなか癒えない心の傷を抱えた藤原さんだったが、そんな時、心にしみたのは周囲のやさしさだったという。

「不妊治療中にね、夫の母親、つまり私の義母に相談したの。私とお義母さん、友だちみたいな関係で仲が良いんだ。〝私たちに子どもがいないことについてどう思ってる?〟って。そしたらね、〝なんとも思ってないよ。孫がほしいとか一切思わない。あなたたちが幸せならいいよ〟って言ってくれた」

一方、実父には不妊治療の報告はしていたが、相談できる関係性ではなかった。

父親が娘に寄り添えない人だとわかっていた。

父が自慢げに「元カノはおれのことを好きすぎて２回中絶してる」と電話で言ったのも、藤原さんが不妊治療をしていた時だ。娘が不妊治療をしていながらそんなことを伝える無神経さに呆れた。しかも父は、母にも中絶をさせているではないか。

「女性の権利の観点から見ても、そんなことを言うのはすごく恥ずかしいことなんだよ。しかも私が不妊治療をしているの、知ってるよね」

藤原さんははっきりと言い放って電話を切った。

彼女に寄り添ってくれる存在は、実父ではなく夫の母である義母だった。

不妊治療を終えたことを報告した時、「がんばったわね」と言ってくれた。そして藤原さんが当時のことをつづったブログのＵＲＬを教えたら、後日、義母が連絡をくれた。

「こんなに大変だったのかとびっくりして……私にできることがあったんじゃないかと思った。ごめんなさい」

義母は苦しみを分かち合ってくれたのだ。

子どもを授かれないまま、不妊治療を終えた女性。

もしかすると不妊治療中や子どもを産みたくない女性以上に、社会で認知度の低い存在なのかもしれない。

不妊治療は保険適用になるまで非常に高額だった。今も年齢によって助成金をもらえなかったり、体外受精などの回数に制限があったりする。なおかつ授からないまま時が経つと、いつになったら辞められるのかと苦しむ人も多い。

もっと彼女たちを支援する取り組みはないのだろうか。不妊治療を終わらせた当事者である藤原さんから、今まさに不妊治療を終えたばかりの女性たちの心の傷を、どうすれば癒せるのか聞いてみた。

「不妊治療は順番があるよね。タイミング法から、体外受精まで。それをステップアップというのだけど、私はその逆のステップダウンをしたらどうかな、って提案したいな。ゆっくりと時間をかけて、不妊治療とお別れするの。治療を始めた時と同じように」

藤原さん自身、今も心がちくっとすることはある。

しかし彼女は、その気持ちも認めてあげたいと感じている。

「人生にはやり直しがきくことと、不妊治療のようにどんなに望んでも変えられないことがある。社会はこうするべきだと言ってくるけど、そこから距離をおいて、自分がどうしたいのかを考えるのが大切だね。私たちの人生には、選択肢があるから、社会の要求は無視してもいいんだよ。私はこう生きたい。その気持ちを守り抜いてほしい」

今、藤原さんはパートナーの登山に向けて、ジムに通ってトレーニングをしているという。そう話す藤原さんはきらきらしていて、「私もこんな女性になりたいな」と感じた。

本項を読んで、もしかすると「産まない選択をした人のストーリーではない」と考える人もいるかもしれない。

しかし私は、産まない選択をせざるをえなかった人のことも知ってほしいと願って、藤原さんに取材をさせてもらった。

「大家族で育って、将来子どもを持つのが当たり前だと思っていた10代の私に会いたいな。10代の私に、今の50代の私が声をかけてあげるの。〝子どもがいてもいなくても大丈夫。私は今、子どものいない人生でも楽しく過ごしてるよ〟って」

産む人、産めない人、産まない人。

すべての人に、藤原さんのこの言葉を届けたい。

お互い理解し合えるだろうか。

不妊治療を経験した人と話す際、いつもそんな気持ちになる。なるべく子どもや妊娠、出産の話には触れないようにしているが、子どもを産まない人生を自分の意志で歩む私のような人は、産みたいのに産めない彼女たちの目にどう映っているのかわからなかった。わがままだと思われているかもしれないし、実際に産めない人がいるのに私は非常に自分勝手な選択をしているのではないかと考えたことも、一度や二度ではない。

すべての女性が藤原さんのように理解を示して、「産まないことを決めた女性は、自分に問いかけをしている」と私が気づかなかったことまで言語化してくれるとは限らない。

しかし私は、藤原さんへの取材を通して、産む人、産まない人、産めない人が互いにそれぞれの苦労を労り合えるのではないかという可能性を感じた。

子どもがいないことで「少子化なのに」「将来どうするの」と言われた時の対応を聞けたことは、私にとってこれ以上ないほど役立つ情報だった。

また、自分から子どもがいないことを打ち明けることは、子どものいない人を救うと同時に、きっと「これは相手を傷つける質問なのか」「既婚者だからといって子どもがいるとは限らないのか」と社会的な認知を広めていく意義もあるはずだ。

もうすぐ私は30代ではなくなる。40代、50代……年齢を重ねるにつれて、私も子どもがいること前提での会話がどんどん増えるだろう。

その時に藤原さんのアドバイスを思い出したい。

最初はぎこちなくてもいい。

子どものいない人が生きやすくなる環境作りは、小さなことから始められる。

4 産まないつもり。パートナーとは一度もセックスしていない

事務職
守谷あかりさん（29）

同性愛者と異性愛者がいるように、子どもを産む人と産まない人がいてもいいはずだ。

これは出産に限ったことではない。結婚、専業主婦になること、働くこと……これらはすべてが人生の選択肢であり、ひとりの人間の選択を他人が強要することはできない。

「どうしても産まないとまでは言えないけど、積極的に産まない選択をしています。昔から結婚と出産をつなげて考えたことはありませんでした」

守谷あかりさんは29歳であり、今回本書で登場する女性たちの中でもっとも若い。

２０２１年の厚生労働省の人口動態統計によると第１子出生時の母親の平均年齢は

30・9歳だった。それも踏まえると、「産む」「産まない」についてリアルに考えるのは早いようにも思える。

守谷さんはフェイスブックを開くと子育て中の元同級生が交流している投稿を見つけるという。「独身の友だちはあまり投稿していないな」とも感じている。29歳は自然と「子どもがいる人」、「いない人」に分かれる年齢でもあった。

そんな守谷さんは、誰かに「子ども産まないの？」と聞かれても「自分は産まないつもり」と答えることに抵抗はない。ただ理由を聞かれたら困るので、いくつかの返答を用意しているという。

彼女はこれまでどのような人生を歩み、現在の心境に至ったのだろうか。

現在、守谷さんはチリに住んでいる。留学先で知り合ったパートナーがチリ国籍だからだ。

婚姻関係は結ばず「シビルユニオン」に登録している。

シビルユニオンとは、健康保険、医療上の同意、財産の相続、親権など既婚カップルと同じ権利を認められている制度だ。日本には存在しないが、１９８９年にデンマークで制定されたことを皮切りに、現在は欧米各地に広がり、２０１５年、チリでも導入された。同性カップルのためのものという印象が強い制度だが異性間でももちろん認められている。

「キリスト教の宗派カトリックは同性愛を認めていないので、カトリックの多いチリで同性カップルのパートナーシップが認められたと聞くと不思議に思う人がいるかもしれません。神父による少年への性的虐待などでカトリックの権威が失墜したことも背景にあります。だから子どもができても権利は保障されるのですが、私は産まない人生にしたいな」

そう話す守谷さんの表情は明るかった。

キリスト教の中でも厳格なカトリックの権威に翳りが見え始めたといっても、チリの人たちの感覚はカトリックの信仰に根づいている。

「だからでしょうか。私が子どもがいないと言っても、どうしてと追及する人が日本より少ない。あえて子どもを産まない選択をしているとは考えず、まだ授かっていない人だと思われているのかもしれません」

ただ日本の出産に対する一般的な考えに触れる機会はある。

パートナーと暮らし始めた守谷さんは、チリで就職をした。その時に守谷さんは、60歳前後の日本人女性から業務を引き継いだ。

彼女からなにげなく「お子さんはどうなの?」と聞かれたのを覚えている。ほしくないと答えると「子どもを育てることは人生で良い経験だったわよ」という返事があった。

「受け流すことはしません。そう言われても、いや、いらないっすねと正直に答えます」

そう言って彼女は笑った。

守谷さんは悲観的に物事を考えることがないのだろうか。うらやましさを感じつつ、彼女の幼少期から現在までの話を聞いた。

守谷さんは、ものごころがついた時から「自分の人生に子どもは必要がないもの」と思っていたそうだ。

むしろ自分の未来のイメージは、独身で子どもがいないというものであり、結婚と出産を結び付けて考えたことも今に至るまで一度もない。

親戚で集まるといちばん年下で、兄や兄の男友だちと遊ぶ機会が多く、年下の子どもに会うとどう接していいのかわからなかった。スカートやワンピースといったいわゆる「女っぽい服装」は苦手で、小学生の時にテレビドラマ『3年B組金八先生』で性同一性障害の生徒を演じた俳優を見て「自分ってこれに近いのかも」と思ったこともある。ただ「女っぽくなるのがいやだ」というより「女っぽくなってからかわれるのがいやだ」と感じていた。

初潮を迎えたのは中学2年生の時である。

「あ、きちゃった」

シンプルにそう思った。初めて生理がきたことで自分の女性性を意識することはなかった。

一方で、成長するにつれて、客観的に自分の家庭環境を振り返ることができるようになった。

父親は働かずにずっと家で飲酒していて、酒の匂いがとてもきつかったのを覚えている。母親は子どもに対して口うるさく言うことのないさっぱりとした性格で、女手ひとつで兄と自分を育ててくれていた。親はどう考えていたのかわからないが、「あまり自分のために親にお金を使わせてはいけないな」と考えるようになった。兄はよく親に反抗をしていたが、兄の姿を見ていた守谷さんに反抗期らしい反抗期はなかったという。

ただひとつ、母親の言葉で強烈に覚えていることがある。中学生の頃、オール5の成績表を見せた時だ。母は褒めることはせず、「(頂点までいったから) ここからは落ちるしかないね」と言った。

どんなことも受け止めてきた守谷さんだったが、さすがにショックだった。

「そういった親のドライな言葉や態度が、子どもがほしくないと考えるようになった原因のひとつかもしれないと思ったこともあるのですが、同じ育ち方をした兄は恋愛結婚をして子どもがいて、週末は楽しそうに家族で外出をしています。だから今の自分の産みたくない気持ちは自分自身の性格によるものなんじゃないかなって気持ちのほうが強いし、子どもの頃の家庭環境がどれほど影響しているのか、またはまったく影響していないのか、よくわからないですね」

子どもはいらない。結婚もしない。

だからというわけではないけれども、キャリアを積んで働きたいと考えるようになった。

ただ母親も自身の親からそう言われていたからか大学から先は守谷さんが自分自身で学費を稼ぐように口にしていて、守谷さんは「うちはそういう方針なんだ」と思って暮らしていた。

それが彼女に自立心が芽生えるきっかけを与えたのかもしれない。

進学した高校は都会にあった。生徒の割合は女子8割、男子2割で、自分の意見や将来の夢をはっきりと話す同級生が多かった。

守谷さんが「将来、結婚もしないし子どもも産まないつもりでいる」と言っても否定されることはなく、「私もそうなんだよ」と同意する友人もいた。

当時、守谷さんの父親は知人のつてで細々と働き始めたものの、相変わらず酒を飲んでばかりだったので、父親への嫌悪感は常にあった。「結婚も出産もしない」と言った友人も父親が嫌いな人で、「人生で何かがあって、自分ひとりが転落するのは仕方がないけど、誰かといっしょに落ちていくのは避けたいから結婚しないほうがいいよね」とふたりで話してうなずき合った。

「都心の進学校だったということと、生まれた時代も影響していたと思います。同級生は、私のように結婚するよりバリキャリになる将来を思い浮かべている人もいれば、結婚して早く子どもを産みたい人もいて、いろいろな人生の選択肢を否定せずに話せる環境で高校生活を過ごしました」

中でも、ひとり、印象に残っている同級生がいた。

アメリカでの生活が長い、帰国子女の女子生徒だった。アメリカで妊娠や不妊治療について学んだのか、「絶対に子どもを産みたい」と話して「もし30歳までにパートナーができなかったら卵子凍結も考えている」と明言していた。

卵子凍結は不妊治療における体外受精のひとつの手段である。

「10代でそこまで考えている人がいたことに驚きました」

やがて高校卒業が近づく。

守谷さんの自立心はすでに養われていて、「大学生になったら、できることは親に頼らず自分でしたい」と思うようになっていた。

やがて国内有数の名門私立大学に進んだ彼女は、大学で学びながらアルバイト生活を続けた。ただ、いわゆる苦学生ではなかったという。

「学費は自分で出しました。とはいえ実家から大学に通っていたので国立大学プラスひとり暮らしと同等の金額か、それ以下しかお金がかかりませんでした。あの頃を振り返ると食事や洗濯は親がしてくれていて、自立したつもりでいながら実際はかなり親に甘えていたんだなあと感じますね」

　大人になった今は母に対する感謝の気持ちはもとより、お酒をよく飲んでいた父も父で「自分たちの見えていないところではつらいことがあったのかな」という気持ちが芽生えていると守谷さんは語る。

　子どもがほしくない気持ちは成人してからも変わらず、自分が結婚したり出産したりするなんて考えられないことだった。相変わらず子どもも苦手だった。

　しかし子どものいる人を否定する気持ちはまったくなく、「出産して子どもを持つってすごいなあ」とむしろ尊敬していた。

　先ほども述べた身近にいる兄夫婦は、子どもと遊んだり旅行したりすることにお金をかけていて、そこに価値を見出しているカップルだった。週末は家族でテーマパークに行き、子どもとの時間を大切にしながら夫婦ふたりも思い切り楽しんでいた。

「兄とは同じ環境で育ちましたが、自分にはできないことだなあと思いました。人間を既婚組と独身組に分けるなら、絶対独身組に入りたいと考えていたので」

守谷さんの心は、ますます自立して働く人生に向かっていく。

しかしそんな彼女が挫折を経験したのは、大学院の修士課程に進んだ時だった。初めて自分のしたいことと研究内容とのずれを感じたのだ。

「大学院では修士課程を修了したあと、博士課程にも進むつもりでいました。文献を読んだり学んだりすることは好きでしたし、将来就きたいと思っていた職業は最低でも修士の学位が求められるもので、自分が女性であることも踏まえて博士課程まで修了したほうが就職の時に有利だと考えたからです。ただ、大学院でようやく、勉強と研究は異なるのだ、大学院での研究に求められるのは新規性と独自性だと気がついて。それと同時に、博士課程を出ても職が得られるかは不透明だと悩み始め、これからどうしようかという時に、交換留学をする機会があったんです」

留学先はアメリカだった。ひとまず留学先で学びながら考えようと守谷さんは渡米した。

それが人生の転機となる。

留学先でチリ人の男子学生に出会い、交際することになったのだ。その彼が現在、守谷さんがシビルユニオンを結んでいる相手である。

「理由はわからないけど、甘いムードになることはあっても、今もパートナーとセックスをしたことがないんですよ。私も性的な行為を伴わなくても、いっしょにいたい気持ちのほうが強いのでチリまで来たって感じです」

そう打ち明けてくれた。

異性間、同性間に関係なくパートナーシップは、性行為なしでも成立するものなのだと守谷さんの話を聞きながら感じた。

お互いの持つ男性性、女性性に惹かれたのではなく、その人間性に魅了されたからこそ、今の守谷さんとパートナーはセックスを必要としない関係性なのかもしれない。

ともあれ守谷さんは、未来予想図にはなかった、異性との共同生活に足を踏み入れたのである。

チリの公用語はスペイン語だ。守谷さんは努力してスペイン語を学んで話せるようになり、日本語とすでに習得していた英語を含めて3か国語が堪能になった。チリで職を探すうえでもそれは有利に働いた。

シビルユニオンに登録する前、子どもを産まないことについてパートナーと話すことはなかったという。しかしチリ人の義母に「子どもを産むと楽しいわよ」と言われた時、パートナーがやんわりと否定したのを見て、彼も子どもがほしくないのかもしれないなと感じた。

「結婚と子どもを持つことを結び付けて考えたことがないのですが、なんらかのタイミングで今のパートナーとのあいだに子どもができたら産むと決めています。子どもはほしくないけれども、妊娠しても絶対に産まないってほどではないですね。それ以前にチリでは中絶が違法なんですよ。中絶が許されるのは、母体の命が危険にさらされている場合、胎児に重い疾患がある場合、またはレイプによって妊娠した場合のみです」

今のところは子どものいない人生を歩んでいる守谷さん。そんな娘を見た日本にいる母親から「出産の予定はないの？」と聞かれたことがあるという。

「出産の予定はないと答えると、そっか、って返事でした。自分の娘は子どもを持つ感じじゃないと思っているんでしょうね。もともと自分の息子や娘の自立心を尊重してくれていたし、私がチリで生活することになって、思うことはあったはずなのに何も言わなかったし、出産に対しても深く追求してこなかったですね」

チリと日本では出産や子育て、そして子育てに関する国の政策はかなり異なるのではないだろうか。

そう聞くと守谷さんは詳しく教えてくれた。

「先ほど言ったように、一部の例外を除いて中絶が禁止のチリでは、子どもができた場合、産む選択肢しかないんです。妊娠してしまった人が産まない選択をすることは違法です。一方で、チリは高齢者やベビーカーを押している人など、自由に動くことができない人を優先する社会でもあります」

ふと、２０２３年に日本で話題になった、国立博物館などの施設で子ども連れの客が並ばずにすむ「子どもファスト・トラック」の導入を思い出した。実際にチリも新型コロナが流行する前は、銀行や公共施設などに高齢者や妊婦などの優先レーンがあったそうだが、現在はオンラインで来館時間を予約するシステムに変わっている。

「週末しか休みがないのは子どもがいる人もいない人も同じです。ＳＮＳで日本のニュースを見ながら、子どものいる人といない人が争わずにWin-Winになれる方法にしてほしいと思いました。子どもファスト・トラックって子どもがいない人が無視されていますよね。特に子どもを望んでいても産めない人が傷つくのではないかと心配になります」

また、子ども向けの博物館を除くと美術館に展示されてあるものはすべて嗜好品であることも忘れ去られているのではないかと感じているそうだ。

「たとえば騒いでもいい日を設定して、それをキッズデーとして子どもたちが優先的に来場できる日にするとか、美術館に託児所を設置するとか……。もちろん日本には保育士不足という社会問題があるので、一概にそうしようとは言えませんが、ほかの国を例にあげるなら一部のヨーロッパ諸国のように25歳以下は入場料無料にする、子どもが3人以上なら家族割引にするなど、時間ではなく金銭面で優遇するのも良いと思いますね。子どもファスト・トラックはとことんピントがずれている気がします」

岸田内閣でさまざまな少子化対策が打ち出されている今、子育てをしたことがない男性の政治家が対策に携わっているのもピントのずれた政策を提案する原因のひとつだと守谷さんは考えている。

「新型コロナが流行してからしばらく、チリでは買い物のために週に2日、2時間のみ外出許可がおりました。例外として、時間制限はあるけれど外出が毎日認められていたのが自閉症の方です。なぜなら彼らはスケジュールどおりに行動しないとストレスがたまってしまうから。これってつまり、自閉症のことを知っている人が政治家の中にいたからできたことですよね」

チリでは政治家の3分の1以上が女性であり、子育て経験のある人、子どものいない人それぞれが、生活の中で経験したり見聞きしたりしたこと、つまり国民のナマの声を政治に反映しているのだ。

「日本は女性の政治家が少ないこともあって、子どもに関する現実に直結した意見も政府に届かないし反映されていないのではないかと感じています」

今も子育てを経験していない政治家から、続々と子育て支援や少子化対策の案が出されているのだろう。守谷さんは「選択して子どもを持たない人のことも尊重していないし、何よりもまず産みたくても産めない人を無視している」と考えている。
もし子育てや不妊治療の経験がある女性政治家が内閣にいれば、子どものいる人、いない人にとって中立的な制度が生まれたかもしれない。そして守谷さんや私のように、どんなに子育てしやすい社会になっても、子どもがいない人生を選ぶという人もいる。

「考えた結果、子どもを産まない人生を選んだ人や、子どもがほしかったけどいろいろな要因を踏まえて子どもを産まない決意をした人がいますよね。私も子どもがほしくないので、いろいろ考えすぎて子どもを産まない人は、少子化問題や未来の日本社会に貢献する気持ちがないと責められても仕方がないかもしれない。でもそれって、私たちが子どもだった頃に何もしなかった大人たちのツケがまわってきているだけであって、われわれが何か言われることではないと考えています」

私は、ときどき自分たちのような「あえて産まない女性」が、少子化対策に協力する気がないのかと責められているような気持ちになる。しかし守谷さんの言葉を聞いて、すっと心がラクになるのを感じた。

守谷さんはチリ社会も冷静に見ている。これまでの話だけならチリは日本より子育てしやすい国のように思えるが、日本と比べものにならないほどの歴然とした教育格差があるらしい。

「チリは家庭がどれほど裕福か、どれほど子どもの教育にお金を費やせるかで、その子の将来が大きく変わるんです。お金持ちの家の子と一般家庭の子では行く学校も違うし、進路の選択肢の多さも変わります」

子どもはほしくないと思いながらも、万一妊娠した時、果たして自分が高額な教育資金を子どもに投資できるか悩むだろうと守谷さんは述べた。

パートナーと守谷さんの生活は決して貧しくはないが、お金持ちの子どもと同じような教育を受けさせることはできない。また、子どもへのお金は自分の趣味や旅行に使いたいとも思っている。

もし子どもができたとして、チリと日本、どちらで育てたいか聞くと、「チリですね」と守谷さんは即答した。しかしそれは政治や社会システムに起因しているわけではないそうだ。

「チリのネイティブ言語であるスペイン語は、世界中のたくさんの国で使われているので、子どもが生きていくうえでスペイン語がネイティブなのは便利ですよね。でも日本語は日本でしか使えない。子どもができたら、日本じゃなくてチリでと思う理由はそこにあります」

中絶を禁じられているチリにいる守谷さんは、子どもを産まない選択をしているが、しっかりと子どもができた場合のことも考えているようだ。

ものごころがついた頃から、子どもを持たない人生が当たり前だと思っていた守谷さん。まだ29歳という若さであり、今後、人生の選択が変わる可能性もある。チリ人のパートナーとシビルユニオンを結び、チリでいっしょに生活をする中で、子どもを産むことに対する考え方は変わったのだろうか。

「私は子どもを産まないほうが良いなと今でも思っています。理由はふたつあって、ひとつは教育にかかるお金を趣味に費やしたいということ。もうひとつは、産んだ子どものために自分の人生の時間をかけるのがいやだからです」

そう答えたあと、少しの沈黙が訪れた。

やがて守谷さんは笑いながら首を振った。

「いや、これは子どもを持たない理由を聞かれた時に準備している答えですね。実際は幼い頃から自分が子どもを産むなんて思ってもいなかったってことがいちばん大きい。でもそう言うと〝どうして？〟とよく聞かれるので、あえて理由を作っているのかもしれません」

子どもを産むのはなぜ？

あまり耳にしない質問だ。

子どもを産まないのはどうして？

これは日常的に私も守谷さんも聞かれている。

そんな時に、子供のいない女性は相手が納得するような理由を用意しておかなければならない。守谷さんもふたつの理由をあげて、子どものいない人だけに投げかけられる問いを乗り切ろうとしているのだ。

「子どもいらないです」と一度口にすれば、絶え間ない「どうして？」が続く。そのあまりにも膨大な「どうして？」の前に、守谷さんも私もたたずんでいる。


守谷さんの前向きさが印象に残る。

子どもを産む人生と同じように産まない人生も肯定していて、これから自分が妊娠して子どもを産む人生に変わる可能性があることも予想している。

守谷さんがパートナーとシビルユニオンを結ぶまでの人生は、見方を変えれば過酷だ。父親は働かず大学の学費を稼がなくてはならず、大学院生になってから自分が研究には向いていないと気づいた。

しかし守谷さんに悲壮感はない。まるで当たり前のことのように自分の境遇を受け止め、人生という長い道のりを自分の足で踏みしめて生きている。

そんな彼女の自由な人生は、誰にも邪魔できない。

私は最後に顔を上げて守谷さんを見た。彼女がほほ笑むことで、私の心にあるモヤモヤが、ゆっくりと消えていくような気がした。

5 母親から言われた「恋愛も結婚もしないで生きて」という言葉

会社員
清水麻衣さん（33）

最近テレビやＹｏｕＴｕｂｅを見ていて、少子化対策に関する話題になるたびに、私たち女性は「子どものいる人」と「いない人」で分けられているのだなと感じる。というよりこの話題は、ほぼ〝どうすれば「子どものいない人」が産むのか〟につながっていく。

子どもを産まない決意をした私は、居心地の悪さを感じるのだが、我慢して画面を見続けていると、「子どものいる人」「いない人」が対立した存在であるかのように論じられていることも多いと気づく。

子どものいる人は日本社会や子どもたちの未来を考えていて、子どものいない人は自己中心的に生きている。

コメンテーターたちの、そんな本音が垣間見えることさえある。

自分たちが煽られていることに不快感を抱きながら、私はパソコンを開いてインタビューの音源を聞き始めた。

本書のインタビューで取材させてもらった会社員の清水麻衣さんの声が聞こえる。

彼女は子どもを産まないと決めている女性であり、キャリアを積むことで生きやすい社会を作って、それを次の世代につなげたいという願いを胸に宿していた。


清水さんは33歳の会社員で独身、13年間付き合っている彼氏がいる。

彼女は、子どもができることを非常に恐れていて、子どもを授かる怖さから、彼氏とはセックスレスなのだと打ち明けてくれた。

「この13年で数回しかセックスをしていないですね。どんなに避妊しても、万一子どもができたら……と思うと怖いんです」

その恐怖は私も抱いたことがある。

婦人科に行ってピルをもらって飲み、相手にコンドームをつけてもらえば妊娠しない可能性は高まる。しかし、絶対妊娠しないとは言いきれない。

10年ほど前、コンドームをつけていたのに妊娠した人の話を聞く機会があった。「コンドームでの避妊が１００％じゃないのもあるけど、男性が正確なコンドームのつけ方を知らないケースもよくあるんだって」と彼女は話した。

女性も男性も、コンドームのつけ方を学ぶなんて恥ずかしいと考える人が多いのだろう。非常に大切なことなのに、コンドームの箱に少し書いてある使用方法を読むだけで大丈夫だと思い、正確なつけ方を誰からも教わっていない人がほとんどなのではないだろうか。

コンドームだけではない。学校の性教育でも子どもを作るための行為やさまざまな避妊の方法について、教えてもらった記憶がない。セックスが生殖行為なのだと知ったのがいつなのかも人それぞれだろう。

清水さんは言う。

「産みたくない私にとってセックスが生殖行為だという事実は恐怖に近いもので常につきまといます。だからこそ私は彼氏とのセックスによって妊娠してしまったら、と想像してしまうんです。彼氏とのたった数回のセックスでも、体が熱くなった時、妊娠しなかっただろうかととても不安でした。彼氏にコンドームをつけたよねって何度も確認したのをおぼえていますす」

万一妊娠したら、今度は中絶するかどうかの岐路に立たされるのだ。清水さんや私など、子どもがほしくない女性にとって、これは切実な問題である。

また、清水さんには切除しなくてもいいと言われている小さな子宮筋腫がある。筋腫があっても、もちろん出産はできるのだが、その診断を受けたことによって出産をよりリアルに感じるようになったのはたしかだった。

清水さんは大企業で営業職をしていて、彼女の部署は女性が多い。子育て中の人もいて、清水さんは彼女たちを見ながら「そういう人生もあるんだなあ」と感じるという。

「うらやましいと思ったことはありません。むしろ〝趣味とか好きなことを、子育てのために諦めてるんだろうな。大変だろうな。私は独身で休日は自由に過ごせるから申し訳ない〟と思っていますね。もちろん彼女たちを否定する気持ちはまったくなくて、むしろすごいなと思うんですけど、感情移入はしたことがないです。自分とは別の世界の住人のように見ています」

会社員ならよくあるという、子どものいる女性といない女性の対立も経験しなかった。

「20代前半の頃は、子どもがいることを理由に時短勤務をしたり、会社からの支援を受けたりしている女性を見てむっとしたことがありました。でも彼女たちとコミュニケーションをとると、だんだんと子育てをしながら働くのって大変なことなんだなって理解できたんです」

また、長年付き合っている彼氏との結婚を考えていないのも、結婚が出産と結びついているという考え方からきていた。

「とても気の合う彼氏なんです。ただ学生時代から付き合っていますけど、結婚や出産の話になったことがないですね。彼も望んでいないようです」

清水さんがそこまで出産に忌避感を抱くようになった経緯を知りたい。

産まない選択をした人に「なぜ？」と聞くことはあるのに出産した人に「どうして産んだの？」と聞く人はあまりいないことを私は不思議に思っている。

だからこそ、本書ではインタビューをした人に理由ではなく、子どものいない今、もしくは、子どもがいる今につながる経緯を聞いてきた。

大体は、彼女たちの生い立ちについての質問から取材は始まる。

しかし清水さんは、祖父母から始まるファミリーヒストリーを話してくれた。

複雑な話になるので、ここから清水さんの祖母を恵美子さん、祖父を克己さん、母親を里香さん、父親を豊さんと呼びたい。

時は1960年代に入ったばかり、日本は高度経済成長期の真っただ中にあった。

ある日、幼い里香さんの手をつかんで恵美子さんは家を出た。ケンカの多い両親を見て育った里香さんは、驚きつつも母に従った。

シングルマザーはほぼおらず、働いている女性も少ない時代だった。恵美子さんはなんとか職を得て働きながら、ひとりで里香さんを育てた。

そんなある日、恵美子さんが家に男性を連れてきた。やさしい雰囲気で、お菓子のお土産を里香さんはもらった。

お菓子を食べようとする里香さんの手をおさえて、恵美子さんは正座をしなさいと言う。よくわからないまま里香さんが正座すると、思い切ったように恵美子さんが口をひらいた。

「この人は克己さん。お母さんね、克己さんと結婚しようと思うとるの」

ええっ！

思わず里香さんは声をあげそうになったが、母親は真剣なまなざしだった。

「里香はそれでもいい？」

「う、うん」

思わず答えると、克己さんと恵美子さんはうれしそうにほほ笑み合った。

だんだんと里香さんもわかってくる。新しいお父さんができたのだと。

克己さんと再婚した恵美子さんは、里香さんといっしょに過ごす時間が増えた。養父の克己さんはとてもやさしかった。

家族３人で暮らしながら数年が経ち、中学生になった里香さんはだんだんと不思議に思い始める。

どうして母と養父は、子どもを作らないんだろう？

克己さんが仕事で遅くなった日、母の恵美子さんに聞いてみた。

「子どもは作らんの？　私の弟とか妹」

恵美子さんがすごい勢いで振り向いた。

「里香、兄弟ほしい？」

里香さんはなんと答えて良いのかわからなかった。ただ、里香さんは恵美子さんが里香さんの実父とのあいだには里香さんという子どもを作ったのに、克己さんとのあいだに子どもを作らないのがなぜか、聞きたいだけだったのだ。

「子どもができたら、その子は克己さんとも私とも血がつながっとるけど、里香とは半分しか血がつながってないのよ。克己さんが里香より血のつながった弟や妹をかわいがったらいやよね」

里香さんは、がん、と頭を打たれたような気持ちになった。

想像するだけで涙があふれてくる。いつもやさしい、養父の克己さんが、自分ではなく恵美子さんと克己さんのあいだに生まれた子どもをかわいがる。克己さんと自分は血がつながっていないという事実を突きつけられたような気分だった。

それきり里香さんはその話をせず、恵美子さんも克己さんも、子どもを持つことに触れなかった。里香さんはひとりっ子として育った。

結婚したら、こんな複雑なことがある。

里香さんは恋愛も結婚もしたくないと思った。とはいえ当時、里香さんたちが住んでいたのは地方で、女性のできる仕事はほんのわずかしかなかった。たとえ仕事があったとしても、世間には結婚すれば寿退社するコースが当たり前といった暗黙の了解があることを、里香さんは肌で感じていた。

20代が終わりに近づいた頃、里香さんは、お見合いで清水豊さんに出会う。結婚に対する嫌悪感はあったが、「そろそろ結婚しないと世間体が悪い」と親族に会うたびに言われていた。勧められるがまま、里香さんは豊さんと結婚した。

当時は珍しくなかったが、豊さんは家事を一切しない無口な男性だった。平成元年、この章の主人公である清水麻衣さんが産まれても育児を手伝おうとしなかった。

里香さんは娘を育てながら、時代の変化を感じていた。時は平成になり、女性ができる仕事はどんどんと増えている。今や結婚しないで働く女性も珍しくない。

都会に行けばキャリアウーマンがたくさんいる。娘の麻衣も仕事で自立すれば、結婚も出産もしなくても良いだろう。

いや、しないほうが良い。

もし子どもができてから離婚したら、再婚をした時に自分の両親である克己さんや恵美子さんのように、気を遣って子どもを作らない夫婦になるかもしれない。

もしくは、父親の違う子どもができたら、麻衣さんの再婚相手の愛情は、血のつながらない上の子より血のつながった下の子に注がれるのではないだろうか。

幼い麻衣さんに対して、里香さんは言い続けた。

「大人になったら自立して働きなさい。恋愛も結婚もしないで生きて」


清水麻衣さんは、祖父である克己さんと血がつながっていないことを最近知ったという。とてもやさしい祖父でかわいがってくれたのでショックだった。

しかし母親の里香さんがひとりっ子だった理由を知り、ようやく腑に落ちた。

「母が恋愛するな、結婚するなって言い続けてきたのは、私のためだったんです。女性が働ける社会になったのだから、自立して働けと言い続けていた理由もわかりました。私の父は今も家庭のことに無頓着なので、そのぶん、母から受けた影響は大きかったです」

刷り込みではないが、清水さんはものごころがついた時から、大人になったら自分は一生懸命働くんだと決めていた。結婚や出産は人生計画に含まれていなかったので、同年代の女の子が「将来はお嫁さんになりたい」と言った時は心底びっくりした。

「悪いとか良いとかじゃなくて、私は〝何かになりたい〟の何かって絶対に職業だと思っていたんですよね。今は専業主婦の方が世の中で重要な役割を担っているのを知っているし、社会的にもっと評価されても良い存在だと考えていますが、当時は衝撃的でした」

お嫁さんになるって幸せなことなのだろうか。

幼い清水さんは疑問だった。そもそも父親と自分はあまり話したことがない。

「私、家族がいっしょに仲良くって幻想だと思ってるんです。そもそも近代日本の法律婚って、家と家の結びつきが強い、オフィシャルなことですよね。結婚したら会社に言わないといけない、つまりオフィシャルなことはオープンにするのがルールだし、結婚をしたあと、ほかの人と恋愛したら不倫になるという縛りもある」

幼少期はその気持ちを言語化できなかったが、成長するにつれて憧れとする自分の姿が見えてきた。

自分の力で日本の経済を良くしていく、働く女性。

母親が叶えたかった夢を清水さんが受け継いだとも言える。

中高時代の清水さんは大学進学を目指して勉強をして、東京にある国立大学に進学した。

私ならそんな名門校に入れた時点で大喜びして、学生生活は遊びまくるだろうな……と思ったが、清水さんは違った。大学で研究をしながらビジネススクールに通い、卒業後に就職する将来の自分を早くから見据えていた。

専門職やフリーランスとして働く道ももちろんある。しかし清水さんは、チームで協力し合って何かを成し遂げるのが好きだった。安定した給料を毎月もらって、そのお金で生活をしながら、趣味も楽しみたい。

そう考えると、大企業の会社員になるのが彼女にとってベストな選択だった。

「ほとんどの学生が大学院に進む学部だったのですが、私に大学院生になる選択肢はなかったですね。早く就職して働いて、いずれ出世する……それが夢でした」

「早く就職する」という最初の夢は叶い、新卒採用で就職が決まった。

清水さんの会社員としての毎日が始まる。

子育てをしている同僚ともいっしょに働き、話しているうちに、近い将来、子どもがいる自分を初めて想像するようになった。

「私ね、子どもがいるメリットとデメリットを考えたんですよ」

清水さんは自嘲的に笑いながら言った。特に悪いことではないと思うのだが、「メリット、デメリットで考える時点でダメだと思う」と彼女は続けて言った。

「子どもがほしいとかいらないとか、そういうのではないんですよ。たとえば子どもがいるメリットなら、いっしょにテーマパークに行ったら楽しそうだなあとか」

清水さんがメリットとデメリットで考えることに罪悪感を抱く理由は、どんなに多忙であっても、今の仕事を続けていきたいと考えているからだった。

「ずっと激務で心身共に疲れ切ってしまう毎日なんです。子どもって放っておくと死んじゃいますよね。そんなひとつの生命体を、自分の仕事で忙しい人生に巻き込みたくないんですよ。自分ひとりのことだったら激務でもがんばれるけど、子どもがいたらそうはいかないので。ただ今は時短勤務やリモートワークもできるし、無理をすれば子育てできる環境ではあるとわかっているんですけど、私にとって働きながら子育てをするのは無理に近くて」

清水さんはどんなにつらくても、ばりばり働きたいと言う。

「このあいだは心が悲鳴をあげて倒れてしまいました。仕事もストレスがたまるし、何よりも上司のパワーハラスメントがきつくて。暴言も多いし、私の先輩なんて結婚の報告をしたら〝しばらくは子どもを産まないでね。産んでも時短なんて許さないから〟と言われて泣いていました」

パニックになったその先輩は「上司を困らせるために、子どもを産んでやろうかな」と言ったという。

「酷いのは上司だとわかりつつも、あわてて止めました。そんな理由で子どもを産んだら、先輩も子どもも苦しむことになると思ったんです」

清水さんは、自分が子どもを産んだ場合のことや、これから生まれる未来の子どものことを考えたうえで産まない選択に至った。

「婚活をしてつらい仕事を辞めるのが悪いことだとは思っていません。そんな人生を歩む人もいるし、人の数だけいろいろな生き方があると考えています」

心身が壊れても、今の彼氏と結婚して収入面を楽にすることは考えたことがないのか質問をした。即座に「ないですね」と返ってきた。

「どんなに仕事が過酷で死にそうになっても、結婚して相手の収入に頼って、そこから逃げるつもりはありません。就職後、転職も何度か繰り返して、そのたびに日本はどこもブラック企業だなあと感じるんですけど、結婚や出産を理由に仕事を辞めたり、今より緩めたりすることはまったく考えていないですね」

現在、清水さんと父親は相変わらず疎遠だが、母親とはよくＬＩＮＥで近況報告をするという。母親は厳しく、清水さんが弱音をはいても慰めることはしない。しかし話を聞けば聞くほど、母子関係の深さが伝わってきた。

母親の影響は、清水さんにとって人生を決める手立てとなった。彼女は会社員として苦労しても諦めることはしない。

一度、彼氏を自分の実家に連れて行ったことがあるという。父親は案の定無関心だったが、母親は娘に恋愛も結婚もしてほしくなかったので渋い顔をした。

しかし清水さんの彼氏は辛抱強く、自分たちがお互いを高め合いながら付き合っていること、結婚や子どもを育てることは考えずに自立した関係を築いていることを説明した。母親は安心したようだった。

「私の母を見て毒親っていう人もいるかもしれませんが、私は母が大好きです。女性が自立することの大切さを教えてくれたのは、まぎれもなく母です」

今、清水さんは33歳。年を重ねるにつれて子どもを産める確率が下がることに不安はないのか聞いてみた。

「子どもを産めなくなる焦りは、もしかしたら気持ちの奥深くにあるかもしれませんね」

ただ奥にありすぎて、今は見えてこない。

「今まで話した私のこんな思考が社会を少子化に向かわせているんでしょうね。それはわかってるんですけど」

苦笑しながら、ふと思い出したように清水さんは口を開いた。

「さっき、私が働いたのはブラック企業ばかりだったって話しましたが、どんなに社会が対策をしても、ブラック企業はなかなか減らないと思うんです。仕事だけじゃありません。生活面も変わらないどころか、どんどん増税されて、今以上に苦しくなることが目に見えています」

物価は高くなり、支払う税金は増え、今の日本は近年まれに見る円安で、日本に住む多くの人が生活苦に喘いでいる。

加えて利便性の高いインターネットが、今は人を傷つけるツールになっていることも清水さんは危惧していた。

「SNSは私たちの子どもの頃はありませんでしたが、今の子どもたちは日常的に見ていますよね。SNSはひとつの監視社会だと私は考えているんです。世界中にいるユーザーから監視されながら、時には子どもも大人も関係なく、誹謗中傷を受けることがあります」

楽しむことが目的だったはずのSNSは、生きづらさの理由のひとつになっているのだ。

「このままなら社会は良くなるはずがありません。私はそんな社会の中で生きて行かなければならない子どもたちの未来が、明るいとは思えないんです」

彼女は結婚も出産もしない人生を歩む。一方で、子どもたちの未来についてしっかりと考えているのだ。

「私は会社員なので、政治に関しては選挙で投票に行くことぐらいしかできません。でも働いているから、日本経済を良くするための一助にはなれるはずだと信じているんです。仕事でつらいことはたくさんあります。だけどそのたびに、〝もっとがんばってなんとか社会を良くしろよ〟って自分に言い聞かせています」

彼女が努力を続ける理由は、未来の日本のためでもある。

産む、産まないにかかわらず、これは清水さんの変わらない気持ちであり、強さでもあるのだ。

最後に清水さんは力をこめていった。

「私は産まないと決めています。子どものいない人生を歩みます。でも同時に、しっかりと私たちががんばって社会を良くしていかないと、これから生まれる命に失礼だと考えています」

取材中、清水さんの強い言葉に、心だけではなく体がしびれるのを感じた。

清水さんと別れたあと、気持ちを落ち着かせようとスマホを開き、X（旧ツイッター）の画面をスクロールしているとこんなつぶやきがあった。

〝子どもを産まないなんて、少子化の時代に無責任〟

無責任？

清水さんは子どもを産まなくても、未来の子どもたちのことも考えて必死で今日もがんばっているのに？

腹が立ったが、自分はどうなのかと矛先を変えてみると、日本の未来のために何もしていないのではないかと不安になった。私には清水さんのように有能ではないし強くもない。

正直、私は産まない選択をした人に対して、未来の子どものことを考えろと過剰にうったえる人が苦手である。「未来より今生きてる人を大事にしてよ」と考えているからだ。

だからこそ清水さんの真摯に社会と向き合う姿勢や、産まない人生を歩みながらも、未来を生きる子どものことを考えている姿に感銘を受けたのかもしれない。

清水さんのような女性たちが、子どものいる人と子どものいない人の分断を真の意味でなくしていくのかもしれないとあらためて感じた。

6

「もし、時間が戻せるなら産まない」

美容師
白川梓さん（46）

子どものいない私は、自分の意志で産まない人生を歩んでいる。

少し前までは、何度も自分が出産した場合、産まれる子どものことを考えた。

「理央は過保護な親になるやろね」

20代の頃、母にそう言われて自分でも思った。当時から子どもを産まないつもりでいたが、産んだ場合、どんな感じかなと考えることはあった。

きっと私は息子、もしくは娘を溺愛する。そして彼らがいれば老後も寂しくないだろうと期待して、親離れのできない母親になる。

同時に自分のキャリアを築くうえで、彼らを産んだことを後悔する未来も見える。

もともとメンタルの弱い私のことだから、思うようにいかない育児や、子どもによって仕事が進まないことにジレンマを感じて「産まなければよかった」と誰にも言えず悩むだろう。

いや、それ以前に、私は妊娠や出産が怖い。

街で妊婦さんを見るとほほえましい気持ちになるが、自分が妊娠した場合は別だ。自分の中に〝別の生命体〟があると想像しただけで吐きそうになることさえある。妊娠したら、出産の恐怖と、産んだとたん、もう戻れない〝産む前の自分〟に思いを馳せる気がする。

自分が排卵障害だとわかった日、不妊外来に行くべきかどうかの岐路に立った私は、いろいろと考えたり友人に聞いたりするだけではなく、頭の中で自分の子どものいる未来予想図を広げ、観察もした。結果として「子どものためにも産まないほうがいいな」という思いがより強まった。

あれから数年経った今も、私が考えているのは、産まない人生を歩むと思っていた人が出産した場合のことだ。

「産みたくなかったけど産んで良かった」

母親になった友人や知人から、私はそんな意見しか聞いたことがない。

子どもを産んでから「産まない人生にしたかった」と思った人はいないのだろうか。

「子どもは産みたくない」という言葉を、絶対に口にできないのが、すでに母親になった女性たちのような気がする。

「産めるうちに子どもを産まないと後悔するよ」

友人や知人から言われるたびに否定できなかった。「産めなくなってから後悔しても遅いなあ」と自分でも感じた。

子どもを産まない人生を送り、産めなくなった時に後悔しないのか。

「後悔しない」と断言する自信は今もない。

その思いとは正反対の、「産んでから、産む前の人生に戻りたくなった」という言葉は、タブー中のタブーだろう。誰も口にしない。

そんなことを考える日常の中で、ある日、私はイスラエルの社会学者が、母親になってから「産みたくなかった」と感じている女性たちに取材した報告書を見つけた。

2022年、その報告書は邦訳されて、日本の女性たちにも衝撃を与えた。

タイトルは『母親になって後悔してる』(オルナ・ドーナト・著、鹿田昌美・翻訳、新潮社)である。

私は確信した。きっと、産んでから産まない人生を選びたかったと感じる人たちが、日本にもいる。

誰かがこのことを発信してくれたら、産んでから苦しんでいる孤独な母親たちの救いになるかもしれない。

私は子どものいる友人たちに会って「産まない人生にしたかったと思ったこと、ある？」とおそるおそる聞いてみた。

「そんな人、いるの？」

「いたらひどいね。子どもがかわいそう」

「虐待していそう」

話を聞いてようやく、「産みたくなかった」と感じる母親たちがどうして見つかりにくいのか、理解した。

言えないのだ。

自分のつらさを吐露する場がないのだ。


そんな中、ある女性に取材することになった。子どものいない人生になると思っていたのだが、最終的に出産に至った女性、白川梓さんである。

10年ほど前に母親になった彼女に、思い切って質問をしてみた。

「今、まだ子どもがいなかった頃にもどれるなら産みますか」と。

すると白川さんは、少し考えてから答えた。

「産んでいないと思います」

次いで産んだ子どもに対する愛情についても聞いてみた。

「子どもに愛情はあります。かわいいと思う時もたくさんある。私は母親があまり家にいない家庭で育ったので、母親のようになりたくなくて、子どもには愛情を示せるように、と思っています」

白川さんの内面にある、子どもを産まない人生にしたかったという気持ちと、産まれた子どもに対する愛情は別のものなのだ。私が読んだ『母親になって後悔してる』に出てくる「産みたくなかった」と口にする母親たちのほとんどが、白川さんと同じように子どもへの愛情と「産まない人生のほうが良かった」という感情を分けていた。

白川さんには10歳の娘と8歳の息子がいる。白川さんは子どもたちのために毎日ハグをして、愛情を注ぐ。

しかし、夫は違った。以前の夫は、子どもの腕や足を叩くことが頻繁にあった。見かねた白川さんは夫にDV加害者のためのプログラムに通ってもらった。それでも、「いい子にしていないと、おやつをあげないよ」といった交換条件のような教育をするため、「子どもを試すのはやめて」と白川さんは夫にうったえている。

私は意外だなと感じた。子どもがほしいとずっと言っていたのは、白川さんではなく、子どもを虐待していた彼女の夫のほうだったからだ。白川さん自身は、できることなら産みたくなかったと思っていた。

世間は決めつける。子どもがほしかった人は虐待しない、子どもがほしくなかった人は虐待をする可能性が高いと。しかしそのふたつは、多くの場合、別のものなのだ。

「私はバツイチなんですが」

白川さんは切り出す。

「最初の夫は、自分に自信のない私のことを好きだと言ってくれました。自分の自信のなさを補うような気持ちで、結婚してしまったんです。最初の夫に愛を感じたことはありませんでした。だから、彼が子どもをほしがっていると知った時、離婚を決めました。その反省もあって、次に結婚することがあったら、この人の子どもなら産みたいと思えるくらい好きな人と結婚しよう、と考えたんです」

それが今の夫だった。

2回目、つまり今の夫と結婚したのは白川さんが31歳の時だった。

「結婚して最初の2年はふたりの時間を楽しもうと決めていて、私も仕事にやりがいを感じていたし、このまま夫婦ふたりでいられたらいいなと思っていたんです。でも……結婚3年目で子どもを作ろうと言われて、ああ、やっぱり産まないとだめかと感じましたね」

それから1年、避妊をやめた。その後、自然に授かることができなかったので不妊治療を始めた。

最終的に体外受精で妊娠したのだが、喜びはなく妊娠中に自分のお腹をさすったり、語りかけたりもしなかった。

そして、思いがけないことが起こった。

「妊娠中に、養父から受けた性的虐待の記憶のふたが開いたんです」

それは、彼女が8歳の時だった。

性的虐待について語る前に、彼女の人生を生い立ちから追ってみたい。

白川さんの最初の記憶は、ある女性が、男性とラブホテルにいるというものだった。

「ずっと、その女は母親だと思っていたんですが……」

最近になってやっと、白川さんは記憶をたぐり寄せて、その女性が母の彼氏の愛人だったという事実に辿り着いた。

「当時、母はヤクザの男と付き合っていて、そいつの暴力がひどかったから、幼児の私をおいて母が失踪したんです。それで私は、そのヤクザの愛人の女にあずけられたんですけど、その女がほかの男とふたりでラブホテルに行ったんですよ。私を連れて」

幼い白川さんは、今、自分がどんな状況におかれているのかもわかっていなかった。これも一般的には性的虐待なのだが、幼すぎてその認識もない。とはいえショッキングな出来事だったから、それが最初の記憶になってしまったのだろうと白川さんは話す。

母親は2か月後に戻ってきたが、付き合う男が途切れず、彼らは母親と白川さんが住む家を出入りしていた。

「母親はいつも恋愛に夢中だったので、もっと母親にかまってほしいとずっと思っていました。そのせいか今も私には潜在的な寂しさがあります」

私も1歳で両親が離婚して、のちに母は再婚したのだが、いてほしい時に親のいない寂しさは潜在化してしまった。常に誰かと接していないと安心できない。白川さんも私も、かたちは違っても幼少期が大きく関係しているのだろうと思う。

やがて白川さんは小学生になる。同年代の子どもたちに接しているうちに、ようやく「自分のうちは普通じゃない」と気づいた。

そして、小学3年生の時、母は結婚をした。

白川さんはまだ生理も来ていない標準体型の子どもだった。それなのに母の結婚相手である養父から〝妙な目〟で見られていると、白川さんはじょじょに感じるようになる。

ある夜のことだった。ベッドで寝ていた白川さんに、養父が襲いかかった。

白川さんは何をされているのかわからず混乱した。ぎゅっと乳房を握られ、唇を吸われる。すべてが人生で初めてのことだ。怖くて抵抗できないまま養父は白川さんから離れた。白川さんは呆然としたまま残された。

これが、前述した妊娠中の彼女を苦しめることになった性的虐待である。

性虐待を受けたあと、白川さんは何もかもが汚いと感じるようになった。

何度も手を洗って、自分にある〝汚いもの〟をぬぐい去りたいと願った。

「今振り返ると、潔癖症になってしまったんですね。母に思い切って打ち明けようと思いましたが、その時、母は養父の子どもを妊娠していました」

すぐに養父の性的虐待は止まったが、母親と養父のあいだに子どもが生まれると、養父と血のつながっていない白川さんは存在していないかのように扱われた。

地獄のような日々が何年も続いた。

高校生になった白川さんは、だんだんと自分の身に起きたことを客観視できるようになった。

「このまま自分は一生性行為ができないのではないかと不安でした。初めての彼氏とセックスをした時は、どこかに飛び込むような気持ちでしたね」

しかしそのセックスは決してポジティブなものではない。

「セックスをしたあと、今度は恋愛依存症になってしまいました。セックスをしていると母にかまってもらえない寂しさがまぎれることに気づいたんです。セックスの最中、相手は１００％私を見てくれてる。それが癒しになりました」

白川さんにとって、セックスと生殖行為は、つながっていなかった。

子どもを産む人生なんて想像したこともない。ただ、セックスをしている時だけは潜在化した寂しさが薄れる。

高校を卒業して、白川さんは前から興味のあった美容の専門学校に通い始める。卒業して20歳になった白川さんは、美容師の職を得て家を飛び出した。

仕事を始めると毎日が過酷で休みもほとんどなかったが、白川さんはつらくなかった。

「依存するものが変わったんです。セックスから仕事に」

四六時中つきまとう寂しさは、何かに依存することでしか薄れなかった。

彼女の話を聞いていて、だんだんと、ライフステージによって白川さんの子どもを産みたくない理由が変化しているのに気づいた。

20歳前後の頃は、自分のような寂しい子どもを増やしたくなかったからだと白川さんは言う。白川さんには自分が母親のような親になるかもしれないという恐怖があった。

その後、20代前半での最初の結婚で子どもがほしいと言われた時は、出産のために仕事を休みたくない気持ちが強かった。

そして二度目の結婚では、夫が望んだので産む決意をした。この時、子どもを産むことが初めて現実的になり、仕事を休む不安のほかに、出産の痛みも想像してとても怖かったという。

家事と育児は夫婦で分担、無痛分娩という条件を出して、いわゆる妊活を始めたのだが、「痛みを伴う不妊治療をしてまで子どもを産もうとしたのは不思議ですね」と白川さんは自身の過去を見つめる。

「それでも産もうと決めたのは……夫への愛情もありますけど、〝普通〟になりたかったのかもしれないですね。自分では普通じゃない人生を歩んできたと思っていたから。私でも結婚できるし子どもが産める、普通の幸せがつかめるんだぞって誰かに証明したかった」

普通になりたい。

これは再現性のある感情だ。

虐待を受けていなくても両親が離婚していなくても。

ところが、白川さんの性的虐待の記憶は妊娠中にあふれ出して、その過去が大きな不安となって迫ってきた。

あんな経験をした私が子どもを産む……？

「食べることで不安をおさえようとして20キロ太りました。医師にはもちろん叱られましたね。産んだら子どもをかわいく思えると一生懸命自分に言い聞かせて、出産の日を迎えました」

子どもを産んでも、期待したような喜びは感じられなかった。

ただ他人事のように、子どもの産声を聞いて「こんな声、してるんだ」と思った。かわいいと思えないけれども、子どもは誕生したのだ。

「母になる人間じゃなかったかも。自分の母のような親になってしまうかも。すごく怖くて、赤ちゃんは放っておいたら死ぬから、死なせないようにしなきゃと決意しました。始まりは、責任感から育てたんです」

避妊を辞めた時も不妊治療中も感じなかった、母になる怖さに苛まれながら、子育てがスタートする。

子どもの泣き声がする。周りから視線を感じる。

そのたびに、「お前はだめだ」と言われている気分になって耳栓をした。そんな自分がいやで罪悪感でいっぱいになった。

「私には母性がないんだって思いました。夫は〝おれがいるから大丈夫〟って楽観的でしたけど」

このエピソードを話したあたりから、白川さんは「母性」という単語をよく使うようになった。

「自分の中にある母性を初めて感じたのは、生後6か月くらいで娘が病気で入院したのがきっかけです。病院のベビーベッドの柵が檻のように見えて、守ってあげたいと思ったんです。それからかわいいと感じられる時が増えました」

とはいえ、いつもではない。

今でも白川さんの〝母性〟は、心が落ち着いている時は大きくふくらみ、仕事がいそがしい時など余裕がないと小さくなるという。

私は風船を思い浮かべた。ふくらんで縮んで……でも、破れることのない、強い風船のような「母性」。

その2年後、思いがけないことが起きた。不妊治療をしていないのに、自然妊娠をしたのだ。予想もしなかった事態に白川さんは驚愕した。

ふたりも育てるのは無理だ、中絶したいと夫に詰め寄ったが「奇跡の子どもだよ。近くにうちの両親がいてサポートしてもらえるし、産んでほしい」と言われて、出産に至った。

第1子を産んでから母性が芽生えたと語る白川さんは、ふたりの子どもをかわいいと感じることが増えていた。

産んで良かったと思えますか、と聞くと白川さんは少し考えてから答えた。

「半々かな。子どもが1人だったらなんとかなった気がするけど、2人なので育児が大変で、子どもが1人だった時ほどの愛情はかけられないでいます」

白川さんは多くの経験を経て子どもを産む人生に舵を切った。

子どものいる人に聞いて驚かれた質問を、私は白川さんにした。

愛情を別にして、出産する前に戻れたら、産みますか。

「産んでいないと思います」

続いて、白川さんにとって大切なものは何か聞いた。

「私は仕事がいちばん大事なんです。子どもがいることで、仕事は今までの半分くらいになりました」

産んで後悔しているとは思っていない。しかし、時が戻せるなら産みたくないという気持ちはいつわりのないものだ。

これは、白川さんだけではない。

たくさんの母親になりたくなかった女性が登場する『母親になって後悔してる』が読者にどのように受け止められるのか、私はインターネット書店の感想欄やSNSを通して見ていた。

興味を持った人だけ読んでいる。それは前提としてもちろんあるが、否定的なコメントも多いだろうと思い込んでいた。

しかし意外と批判は少なく、共感している人も多かった。

「産みたくなかった」なんて言いたいけど言えない。

そんな母親たちが、現実の社会では声を出せないでいることにあらためて気づかされた。

子どもへの愛情と産みたくなかったという気持ちは、異なるものなのに。

40代になった頃、白川さんと母親との関係性に変化があった。

「以前は数か月に一度、ＬＩＮＥをするくらいで、電話がかかってきても出なかったんです。でもある時、私が今まで考えていたことをずらっと書いて、母に渡して、母の本音を聞きました。私はこんな気持ちでいたんだよ。私のこと愛してるのって」

母親は白川さんを抱きしめた。

「愛してるに決まってるでしょ」

母親が自分を産んだ時の経験をどうとらえていたかはわからない。ただ愛はあった。目に見える表現や行動は伴わなかったけれども、彼女なりに娘を愛していたのだ。

自らも母親になった白川さんは、母親を許すことに決めたという。

「それまでは、母からの電話はすべて無視していたんですけど、その日以来、電話がかかってきたらすぐ出るようになりました。とはいえ今も母のような育児をしないように気を配っています。たとえば母は子どもに対して悪いことをしても謝らないタイプだったので、私自身は何かあれば娘や息子に謝るようにしていますね」

ハグもそうだ。白川さんは、ふたりがいやがる年齢になるまでは、たくさん抱きしめてあげようと思っている。

ファミリードラマならここで、夫のＤＶはなくなって、夫婦仲も元通り、子どもたちも幸せというハッピーエンドで終わるだろう。

しかし潜在的な寂しさや愛を求める気持ちは、今も白川さんの中にある。

「夫とはセックスレスで、誘っても応じてくれないんです。だから、ほかに相手を作ると夫に宣言しました。実際に今、マッチングアプリで出会った彼がいます」

ずっと消えない寂しさを仕事や恋愛で癒し続けているのだ。

そうすると子どもの頃からある死にたいという気持ちは薄まる。完全にはなくならないけれど。

ところがある日、第１子である娘が「死にたい」と言い始め、白川さんは衝撃を受けた。気を配り、寂しさを感じないように育てたのに。

「私は子どもの頃の経験が希死念慮につながると思っていたんですけど、娘の希死念慮は私の遺伝かもしれない、この子は私に似てしまったと思いました。ただショックを受けている場合じゃないので、娘には〝お母さんも子どもの頃、よくそう思っていたよ〟と励ますようにしています」

一方、第２子である息子はよく泣きわめいてかんしゃく持ちだが、白川さんに甘えてくることも多いという。

「息子と触れ合っていると、幼少期、私がもらえなかった愛情をもらっている感覚になりますね」

時が戻せるなら産まなかった。

でも、娘と息子を愛している。

もうひとつ、彼女には母性に勝る大事なものがある。

「私は、何よりも仕事が大事なんです」

出産したら、最優先にしなければならないのは子どもだと、私たちは刷り込まれているような気がする。私も「子どもがいちばん」でなければ母親になる資格がないと、無意識のうちに感じている。

実際にそうなのだろう。子どもが熱を出したら仕事を中断して、迎えに行かなければならない。子どもが歩けるようになったら目が離せなくなる。自分のことに費やせる時間は短くなる。

それでも、仕事を最優先にしたいと話す白川さんに、私は強い覚悟を感じた。

「産みたくなかった」と同じように、「子どもより仕事を優先したい」という言葉も言いにくいことだろう。

「産まない選択をしている若林さんのような人を見ると、子育てが仕事に影響しない、うらやましさを感じます。一方で、子どもを作らないのかと周りに言われる大変さもあるとは思いますが」

そう言って気遣ってくれる白川さんを見て、私は子どもを産んだ場合の自分を見ているような気持ちになった。

> 白川さんと私の心には拭い去ることのできない寂しさが、ずっとある。
> 恋愛に依存して仕事に没頭することで、まぎらわせることはできる。
> 働き方改革にワーク・ライフ・バランス。
> 自分で改革するのではなく、子どもが生まれたことにより、白川さんは働き方を改革しなければならなかった。美容師になって20年経ち、年齢的に体力も落ちている。
> しかしワークがあってこその自分の人生を生きようと、白川さんは奮闘していて、私はそれもひとつの「ワーク・ライフ・バランス」ではないかと感じてしまった。
> ワーカホリックになることで埋められる寂しさがあるのは、私自身も自分の経験から実感している。

そして白川さんは甘えてくる子どもに愛を与えることで、親からの愛を感じられなかった幼少期の自分を慰めているという。

これは子どもを産んでいない私にとって想像もしていないことだった。もちろん「それなら子どもを産もう」とはならないのだが、子どもの頃、愛が与えられなかったと感じていても、反対に愛を与えることはできるのだ。

白川さんは虐待サバイバーである。

私より苦しい思いを……と書きかけてやめた。個々の苦しみは比べるものではないからだ。

ただ似ている、と思った。子どもを産んだ場合と、産んでいない場合。私たちを隔てるのはそれだけかもしれない。

産んだ場合、私は子どもを愛せるかもしれない。確証はできないが、愛せる可能性はある。

しかしそのあとに「産まない道もあったなあ」「もっと仕事をしたかったのに」という悔しさがやってくるのは間違いないだろう。

白川さんの話を聞きながら、私は彼女に感情移入しているのに気づいた。

「産んで後悔してる」とまではいかなくても、子どもを産んだら、産む前に戻ることはできない。知っているのに実感できなかったその事実が、私の心を引っ掻いた。

「産んだ人」に投げかけられる言葉の棘

物書き
石田月美さん
(40)

2020年に『ウツ婚!!』を晶文社より出版(講談社で漫画化)。エッセイを中心に寄稿記事多数。


子どものいない人生になると、自然に思っていた。

父親の仕事の赴任先だったフランスで産まれた石田月美さんは、フランスと日本を行き来しながら育った。

10代の頃は家出少女そのものだった。

妊娠・出産を意識するようになったのは、精神疾患をわずらい、精神病棟に入院した時だ。同じ病棟に入院していた女性たちが話す子育ての苦悩を聞いて、「育児＝つらい」というイメージが培われていった。

「一方でだんだん、子育てをしている人たちの話を聞いている自分が変化してきたんです。『この人たちはなんて豊かな苦悩の中にいるのだろう』って。自分もその中に飛び込んでみたくなりました。正直、好奇心で産むことを決めたのかもしれません」

夫も子どもがほしいと言っていたので、石田さんは不妊治療を経て娘を出産した。

こうして子どものいる人生が始まる。

最初は自分が母親になった実感がわかなかったが、夫が喜んでいるのを見てうれしかった。

身体に不自由な部分がある夫は定期的に入院をしなければならず、その間、石田さんは娘と過ごした。

「娘とふたり、社会から隔離されているような状態でした」

日々が過ぎていく中、隣にいる娘を見る石田さんの心に変化が訪れる。

娘が６か月になって自我が芽生え、母子分離が始まる頃には、子どもの存在は石田さんにとってかけがえのない宝物のようになっていたのだ。

「きっかけはなくて、娘を見てだんだんとかわいさにからめとられていった感じですね。私もですが周囲も、こんなに私が子どもを愛するようになるなんて思っていなくて驚いています」

「産んでよかった」という気持ちから二度目の不妊治療を始めて、今度は息子を授かった。精神疾患で苦しんでいた石田さんに、子どもたちは生きる喜び、そして救いを与えた。

「子どもを産む前は死にたくなることがよくあったのですが、子どもたちのために生きなければならないと感じたんです。寝る時間や食事の時間も整い、子どもたちは私に生活とは何かをも教えてくれました。今は7歳と5歳になった娘と息子のことを尊敬しています」

石田さんの話を聞きながら私は「産む」人生について思いを馳せる。

あえて出産しない人生を選んだ私は、子どもを授かることで何かが変わるという経験をしていない。気になったので、出産後、石田さんを取り囲む状況はどうなったのか聞いてみた。

「私が育ったフランスでは、赤ちゃんのいる女性や障がいのある方、高齢者が立っていたら、席を譲らないと周りの人たちに責められるような環境にいました。でも日本は違う。土曜の夕方に仕事相手から電話がきて〝日曜の深夜までは待てますのでお願いします〟と言われたって、週末は子どもがいるから仕事をする時間がないと言うと……」

「子どもがいるから仕方ないですよね」

こんな言葉が返ってきて驚いたという。

子どもが「いない」からではなく「いる」から仕方ないと言われる。

これは私にとっても盲点であり、私も無意識のうちに産んだ女性を傷つけていないか不安になった。

そうだ。

「子どもがいるから」「子どもがいないから」

無意識に放たれる言葉によって違和感をおぼえる人は、子どもの有無を問わずたくさんいるのだ。

私は、自分とは反対に出産した女性の味わう苦労や周囲の心ない言葉について考えたことがあるだろうか。

「子どもがいるから仕方ないですよねと言った仕事相手の口調には〝好きで産んだんでしょ〟という響きがありました」

石田さんはそう感じる一方で、子どものいない人たちのことも忘れていない。

子どものいる自分たち以上にそのようなことがあるのではと感じている。

彼女にとって自分の子どもたちは光そのものだ。子どもの話題になるたびに目が輝く石田さんだが、その言葉に押しつけがましさはない。

自分とは異なる、子どものいない人たちのことを否定しないのだ。

私は、近年打ち出されている政策の内容について、石田さんはどう思うのか聞いてみた。

石田さんは不妊治療の経験者で、現在子育てをしている。私のように子どもを産まない人とは異なる視点から少子化対策を見ているだろう。

もちろん石田さんの意見が子どものいる人すべての意見ではないが、それでも聞いてみたかった。石田さんは私が少子化対策への考えについて質問すると「笑止千万ですね」と答えた。

「産むことも産まないことも個人の権利じゃないですか。少子化対策とは言うけれど個人の権利に国が介入するのはおかしい。子どもを産んで育てやすい社会制度を作るのは行政の仕事ですが、その制度の中で産むのか産まないのかは女性個人の判断にゆだねられるべきだと考えています。実際に子どものいない友人と話す機会がよくあるのですが、さまざまな価値観や感覚、友人の身に起こった出来事が異なるので、刺激を受けます。その人も〝子どもがいるってどんな感じ？〟と聞いてきます」

それは決してネガティブなやりとりではない。

個々の権利として、どちらも尊重されるべきだと石田さんは言葉を強めた。

第 3 章

対談

若林理央
×
佐々木ののか

産む・産まないを
「選択」することは
むずかしい

産む・産まないを「選択」することはむずかしい

――作家・佐々木ののかさんと妊娠・出産についてのお話をしました

●「産まない」＝チャイルドフリー？

若　林　以前から、「家族と性愛」をテーマにしていた佐々木さんとは、いつかお話したいと思っていたので、今回の対談を楽しみにしていました。

佐々木　ありがとうございます。若林さんが出されたＺＩＮＥ（『私たちが「産まない」を選んだのは』）を読ませていただきました。あいまいにしておきたい

「産む、産まない」についてはっきりと意思表明をされていて、なかなかできない勇気ある行動だと感じました。私は、若林さんの文章を読んで初めて「チャイルドフリー」っていう言葉を知ったんですけど、そもそも「チャイルドフリー」にたどり着いたのはどうしてですか？

若林　以前、「産む、産まない、産めない」に向き合うことをコンセプトにしているウェブメディアに「産まない」と決めた経緯やそれによる葛藤についてのコラムを書いたことがあって。そのメディアでは記事にハッシュタグをつけて、関連ワードをいくつかタグづけしているんです。私の記事には「#チャイルドフリー」というハッシュタグがつけられていて、その言葉を知らなかったので「これはなんだろう」と思って調べたら、海外の情報が出てきて、読んでいるうちに「私、チャイルドフリーなんだ」と気がつきました。

佐々木　一般的には、「チャイルドフリー」は、子どもを産まない選択をしている女性という認識なんでしょうか。

若林　生まれてこないほうが幸せだと考える「反出生主義」とは違い、子どもをつくらない人生のほうが豊かだと考え、子どもを産まない人生を選ぶ人のことです。

佐々木 最近、ちょうど友人とも、子どもがほしいかどうか話していました。「私は子どもがいない方が幸せなのかも」と「いつか後悔するのもいやだな」という相反する気持ちがあったり、「すぐ産みたい」というほど積極的ではないけれど、「避妊はしないでチャンスがあれば」……と考えたりする人が多く、若林さんのように「自分は絶対に産まない」と決めている人は少ないように思いました。出産に関することって結構ファジーにしておきたいものなのかもと。

若林 そうですね、ZINEの読者さんから「こうして発信するのは勇気がいることですよね」という感想をいただいたこともあります。でも、私は人生の中で、女性の選択が変わってもいいと考えているんです。産まない選択をしていたけれども、気持ちが変わって出産して、「産んでよかった」と感じることも絶対ありますし、逆に産もうと思ってたけど、いろんな事情があって、産まない選択に至ることもありえますし。

佐々木 チャイルドフリーの人にあまり出会わないのは、親しい間柄でも「産む・産まない」があまり話せない話題だからだと思います。10代くらいなら「好きな人いる？」くらいの気軽な感じで「将来、子どもほしい？」と友だちと聞き合っていましたが、30代以降になると「そこまで踏み込んでくるんだ」と感じてしまう。センシティブなテーマですよね。

若林　私のように「子どもはほしくない」とはっきり言える人のほうが珍しいかもしれませんね。ただ女性との会話で話題にする時は気を遣います。中には不妊治療をしている人もいるかもしれませんし、結婚してから出産することを望んでいるけれどまだ誰かと婚姻関係を結んでいない人もいる。そういう人を傷つける言葉を口にしていないか気になります。「産まない」という自分の意志を話すこと自体が、ハードルが高いんですよね。

佐々木　「チャイルドフリー」って、ある意味、その言葉に「人が自ら当てはまりにいく」みたいな要素があるんじゃないでしょうか。そのことが良い・悪いではなくて、もし自分から言葉に当てはまりにいっているのであれば、それはどんな感じなのか聞きたくて。

たとえば、私は恋愛対象の幅が広めなのですが、言葉のうえでそうした自認はしないようにしていて。ただ自認する／しないに関して確固たる思想があるわけではなくて、その言葉と「自分」の結びつきが、なんだか遠い感じがするんですよね。言葉によって自分が規定されてしまうことで、何かが捨象されたり、どこか窮屈に感じられたりする気がするというか。

若林 なるほど。私は言葉に当てはまりにいくことによって安心感を得たので、そこは佐々木さんと異なるのかもしれません。

私の場合、家族や友だちなどのコミュニティでは「産まない」と言っている女性の姿がほぼ見あたらなかったので、「一体どのくらい私みたいな人がいるのかな」と思った時に、あえて記事にして公表することで自分が収まる言葉、つまりカテゴリーが見つかって、ホッとしたんですよ。「チャイルドフリー」は海外では有名なので、ネットで調べるだけでもたくさんの人の名前や顔が出てきて、「ああ、私以外にもいるんだ‼」とラクになれたんです。

佐々木 自分の感覚や考え方に名前がつくことによって、安心する人がいる。それはたしかですね。

●「選択」の暴力性

若　林　「産まない選択」をしているのではなく「産まない人生を選ばざるを得なかった」方にも本書でインタビューをしました。この場合は「チャイルドフリー」ではありませんよね。カテゴライズの不確かさについても、あらためて考えさせられました。

佐々木　今「選択」という言葉が出ましたが、「選択」って、ちょっと暴力的に聞こえることがあって。
たとえばなんですけど、出産に限らず、「あなたがいやなら〇〇しなくていいよ」「あなたの好きにしなよ」みたいに言われることがありますよね。「選んでいいよ」って、すごくやさしく聞こえるし、言っている人にとっては「やさしさ」だと思うんです。でもそれって結局、「あなたがこれを選んだんだからね」と言われることにつながってしまう。社会の中で「選択」を突き詰めていくと自己責任論のようになるのではないでしょうか。出産に関することを最終的に決断するのは女性じゃないですか。たとえば産む決断をした女性に対して「あなたがほしがっていたんだから」と子育てを押し付けたり、キャリアを諦めさせたりする現実もある中で、「選択」という言葉が持つ一種の怖さをも感じています。

若林　たしかに。その人の選択によって生じたことすべてに責任を負わせたり、それを理由に責めたりするのは私も違和感があります。

でも、「産むこと」を迫る社会では、自分の気持ちを語る人や、そういった人たちが集まれる場が少ない。そこに一石を投じてみたい、という意味合いで、私は「産まない選択」と表現しています。途中で産むことに対して気持ちが変わることもありうるので、決意というより「現在の選択」ととらえるとわかりやすいですし。

佐々木　うん、わかります。

ただ「選択」という言葉に「一度決めたらその選択のまま生きていかなきゃいけない」みたいな、プレッシャーのような意味が含まれているように感じることもあるんです。

若　林　本書で取材した子どものいない方々の中にも、これからの人生のどこかで、産まない選択を続けるべきか迷われる方がいるかもしれませんね。

●妊娠・出産についてどう感じてる？

佐々木　私が20代だった頃、不妊治療をしたけど授かることができなかった女性から「出産について考えてる？」と聞かれたことがあったんです。「産みたいとか今は思っていなくて……」と答えたら、「可能性があるのにもったいない！今から決めないで」と強く勧められたあとに、現在子育てをしている女性に対する激しい感情を吐露されて、複雑な気持ちになったことがありました。

若　林　「若いから産める可能性がある。あきらめないで」って、女性なら産みたいはず、産めるならそうするのが当然、という前提がなければ出てこないセリフですね。

佐々木　その方はおそらく悪気はなかったのだと思います。その方のように「産みたいのに産めない人」が、当時の私のような「産めるかもしれないのに産まない人」を目の当たりにして「どうしてなの」という驚きが先走ってしまった、またはご自身の過去を思い出されたりして苦しくなってしまったのかもしれません。

ただ、「産みたいのに産めない人」に限らず、子どもの誕生は祝福されるべきことで、世の中で「産まない」という立場は、「女性ならこう生きるべき」といった社会が示す道からそれているようにとらえられている気がします。でも、本当は責められることではなくて、単に生き方や価値観が違うだけなんですよね。

若　林　私も「産みたい」立場の人に対して「産まない」を選んだ側の人間として罪悪感を抱いたことがあります。どうすれば産む人、産まない人、産みたいけど産めない人が理解し合えるようになるんでしょう？

佐々木　理解できなくてもいいのではないでしょうか。やっぱり、当事者および〈その人〉じゃないとわからない部分もあると思うんですよね。自分の痛みについて異なる立場の人に簡単に「理解している」と言ってもらいたくない人もいるでしょうし、それぞれの痛みの大きさを比べても仕方がないし。

若林　たしかに、完全に理解し合うのはむずかしいかもしれません。私も「産みたい」という方の意見に共鳴したいのですが、やはり立場や考え方が異なるのでできませんし。

話は変わるのですが、佐々木さんは「妊娠・出産」について、今、どのように考えていますか？　年齢でいうと、「出産」がリアルになるのって30代になってからじゃありませんか？

佐々木　たしかに、20代の頃は「産もうと思えばすぐできるのかな」くらいの知識しかありませんでした。

若林　「産みたくても産めないなら不妊治療」と考える人も30代から激増しますね。不妊治療や産めない場合の人生について、学校で教えてもらったことがなかったし。

佐々木　「妊娠・出産」の前段階について知る機会がないまま30代になって、一気に「産みますか、産みませんか」という問いがドンっと目の前に降ってくる感じがします。

今、医療技術はどんどん上がっています。それは産みたいけれども授かれない人の希望にもなるし、良いことだとは思うのですが、それに比例して産める可能性のある年齢も上がってきて。天井がないように感じて、「まだ産めるよ」と追いかけられているような……。

若林 閉経しても不妊治療は可能ですしね。

妊娠そのもののとらえ方も人それぞれなのに、子どものいない女性全員が「まだ大丈夫」と言われてもなあ……と思います。

他人の妊娠については、「わぁ、おめでとうございます」と素直に祝福できるのですが、私は自分が妊娠する想像すると、とても気持ち悪くて。妊娠したら自分の中に別の生命体がある不快感に苛まれる気がするんです。

佐々木 そうなんですね。たしかにお腹の中に別の生命体がいることは「寄生」と呼ぶこともできるのかも。母体から子どもに栄養や血液を送ってるわけですし。

若林 どんどんお腹が大きくなっていって、その中に命があって、いつか生まれて私の身体から出てくる。それがグロテスクだと感じてしまうのって、たぶん特殊な考え方ですよね。

佐々木　いえ、若林さんみたいに感じる人もいると思いますよ。私はどっちかっていうと、子育ては自信がないんですけど、産んでみたいって気持ちはあるんです。妊娠や出産は自分の中の「獣」を感じられる体験だと思っていて。自分が心も体も変わっていくであろう過程に好奇心も抱いています。
とはいえ、精子バンクを利用しない限りは、妊娠するために生身の男性を介さなきゃいけませんよね。そう考えた時に、妊娠や出産は相手を私のわがままに付き合わせる行為だと感じてしまうんです。

若林　えっ。相手も子どもがほしいと感じている場合もあるのでは？

佐々木　私にはその前提がなかったんですよ。子どもがほしいと自分が思ったら相手の男性に協力してもらって産む感覚だったんです。双方が望んで子どもをつくるという考えを持った人のほうが多いんだということを知って「えーっ」て、びっくりしちゃって。私の発想が一般的な感覚からはズレているんだと気がついたんです。

若林　そのズレに気がつくきっかけとかありましたか？

佐々木　ついこの間、そんな話を母としていた時に、母が「ふたりが望んで子づくりする人のほうが多数派ではあるかもね」とそれとなく言っているのを聞いて、初めて気がつきました。

このズレって、私自身が社会人になってから「お付き合いしてください」「はい、そうしましょう」と約束をして交際する経験をほとんどしたことがないことからきていると思うんです。「ぼくたち付き合おうね」って言って、お互いにふたりだけの関係だと了承して、恋人になる。いわゆる「お付き合い」の経験がないことに対するコンプレックスも関係してるのかな。

だから、子どもを産むと決めたら、ひとりで産んで、ひとりで育てるっていう発想が私のスタンダードで。ふたりで決めるって羨ましいけど、自分の経験にもとづくと、想定できないことだったのかもしれません。

若林 なるほど。さっきの私の妊娠・出産に対する忌避感と同じように、佐々木さんの、子どもはひとりで産んで育てるものという考え方も世間から珍しいと言われることですよね。その一方で、不妊治療を経験した取材対象の女性から、カップルふたりで子どもをつくろうと決めてもいろいろな困難があると聞きました。

不妊治療は女性の負担も大きいですし、パートナーとなる男性の理解があっても、不妊治療中のカップルのコミュニケーションはなかなかスムーズにいかないことが多いようですね。

佐々木　不妊治療をされている方々の中にも、ふたりが同じ熱量で取り組めているケースもあれば、一方が「パートナーが子どもを望んでいるんだったら協力する」という認識で取り組んでいるケースもあると思います。良し悪しではなく、ふたりの間で認識の違いが生まれてしまうこともありますよね。

若林　今までお聞きしたことを踏まえると、佐々木さんは、いつか産んで育てることにチャレンジしたいと考えているんですよね。

佐々木　はい、実際にどうなるかはまだわかりませんが。
このあいだ、尊敬している方々と「出産についてどう考えてる？」という話をしていた時に、「私もパートナーはいないけど、産める環境が整っているなら産んでみたいです」と話したんです。私としてはすごく勇気がいる告白で、なんて言われるかなと緊張していたのですが、「それ、高校球児みたいに熱い戦いになりますね。受精甲子園じゃないですか」って言ってくれたんですよ（笑）。「トライして妊娠できなかったら、悔し涙をながしながら砂を持って帰ればいいし、それでまた試合をしに来たらいいんですよ。かっ飛ばせー、の・の・か！」と明るく励ましてもらったおかげで、私も前向きにがんばれそうだなと思いました。妊娠・出産の話題はどうしてもシリアスになりがちですが、そのくらい楽しく考えられると救われますね。

●セックスの違和感

若林　妊娠・出産となると、その前段階に「セックス」がありますね。セックスについてはどのようなとらえ方をしていますか？

佐々木　あー、私、セックスがすごく苦手なんですよ。セックスをする時に「男性らしさ」「女性らしさ」を意識してしまうというか。そうではないとわかっていても、演じなければいけないような強迫観念から完全には自由になれないんですよね。たとえば、行為中に女性としては恥ずかしがっておいたほうがいいんじゃないだろうかとか、「女性」を擬態しなきゃいけない感覚がいまだにすごくあって。「上手くできてるかな」って気になりすぎちゃうんですよ。そこに抵抗感と違和感があります。

若林　性行為の間は仕草や振る舞いが変わりますもんね。

佐々木　そうそう、関係性も変わる感じで不思議ですよね。上手くやろうって意識が強くなって緊張するし、相手が自分をジャッジしているような気持ちになる。

若林　私にとってセックスは相手とのコミュニケーションのひとつで、楽しいものなんです。矛盾するようですが、だからこそセックスに怖さも感じています。常に避妊をしていますが、万一妊娠をしてしまったら、それはもう楽しいと感じられるものではなくなるので。

●パートナーシップと関係性を固定すること

佐々木　セックスの話と近いと思うのですが、「恋人」とか「夫」とか、言葉が先に来てしまうと、私は妻にならなきゃ、恋人にならなきゃとがんじがらめになってしまって、「私」と「あなた」というシンプルな関係になれないんです。

若　林　先ほど話した「チャイルドフリー」などの言葉に自分を当てはめにいく話とも共通していますね。今回、取材した女性たちは、人によって、恋人や結婚相手の呼び方が違うんです。「パートナー」と呼ぶ人もいれば「旦那」と呼ぶ人もいる。その呼び方に個々の価値観が表れているので、その人が相手をどう呼ぶのか意識して聞いていました。たとえば、「主人」と呼ぶ人は、保守的な考え方も大切にしていて、「パートナー」と呼ぶ人はどちらかというとリベラルなのかな、とか。あくまでも私個人の考えですが。

佐々木　わかります。パートナーと呼ぶようにしていると、「パートナー」っぽい関係性になるといったことも、ありえると思います。選んだ言葉に本人がひっぱられるような感じ。「チャイルドフリー」もそうですし、言葉が孕む力の強さを感じます。

若　林　言葉によって人がカテゴライズされていくんですよね。

佐々木　今後、私といっしょにパートナーシップのような関係性を築いていく相手が現れたら、最初に「こういうような付き合い方をしたい。でもそれが〝彼氏・

彼女〟とか〝パートナー〟なのかわからない」という話をするかもしれません。

若林　パートナーシップは多種多様で、何を大切にするかも人それぞれですよね。

佐々木　若林さんは何がいちばん大切だと思いますか？

若林　セックスと同じでコミュニケーションです。私は一度離婚をしているのですが、元をたどれば原因は元夫とのコミュニケーション不足だったと思うんです。だからこそ再婚した時、相手とのコミュニケーションを怠らないようにしようと決めました。

佐々木　コミュニケーション、つまり対話ですね。私の場合は、対話は重要ではあるけれども、すべてのシチュエーションにおいて「絶対に対話しなきゃ！」と思わなくても良い気がしています。子どもを産むか産まないか、産みたい場合は不妊治療をするかについては突っ込んで話し合わなければいけない場面もあるかとは思いますが、言葉にして伝えたり、結論を出そうとしたりすることで失われるものもあるんじゃないかと。

若林　なるほど。佐々木さんの家族に対する考え方にもつながるお話ですね。今

佐々木 後、結婚する可能性はあると思いますか？

今、ひとりで北海道の山に家を建てて住んで、猫2匹と馬1頭が私の家族だと考えています。そんな今の暮らしを続けながら、誰かと新しく家族を築くチャレンジができるのなら、してみたいですね。

その場合、相手が一緒に子どもを育てたいと希望して、それなら日本の婚姻制度を利用したほうがいいということになったら結婚する可能性はあります。

●いろんな女性たちの生き方

佐々木 20〜40代の女性から広く支持を得ている、あるラジオ番組のリスナーの方が、「どんなバックグラウンドがあっても、女性は50代で再会してまた仲良くなれたりするんだと思った」とお話されていました。

今、まさに私たちは30代。結婚や出産、子育て、キャリア……などそれぞれ道が分かれていますよね。

若林　それでも50代で再会する！　すごくいい！　50代でみんな集まって「あなたはどういう修羅道を歩んできましたか？　聞かせて、聞かせて！」みたいな話ができそうですね。「私は産んでないから……」とか思わずに、「産んでみて、どうだったの？」っていう話も自然にできそう。

佐々木　そうそう。今は自分が選べなかった道を選んでいる人を羨ましく思ってしまうこともあるんですけど、過ぎ去ってみたら、そういう気持ちもなくなっているかも。

特に出産に関しては、50代になったら、産んだ人は産んだ人生、産まない人は産まない人生を歩んでいますよね。だからこそ、「30代や40代ってお互いどうだった？」って聞けるのは楽しそうです。

若林　女性がお互いの人生を労わりあったり、それぞれの経験を共有したりできるなら、産んでも産まなくても、人生なんでもありですよね。

佐々木　そう思います。『愛と家族を探して』（亜紀書房）という本でいろんな人にインタビューした時に、「あ、こんな生き方ができるんだな」「人生って自分なりにカスタマイズしていけるんだな」って発見があったんです。

今よりも若いうちにそれを知っていたら、もっと早くいろいろなことができただろうなとも思いました。キャリアの選び方や、自分の人生のロールモデルをもっと知りたかったな。

若林 結婚や出産だけじゃなくて、キャリアも含めたたくさんの女性の生き方をもっと知りたいですよね。世代を問わず、自分の人生を歩むうえで大切なことだと思います。

佐々木 今、私は、東京を離れて、地元の北海道でときどき山に入って狩猟をしています。それについて「ののかちゃんがそうやって楽しそうにしていることで救われる人もいるのかもしれないし、そう考えると、それも一種の社会貢献だね」と言ってくれた方がいて、すごくうれしかったです。

若林 私も誰かのロールモデルになれるといいな。女性の産まない人生のロールモデルを形作っていくことで、産む女性も産まない女性も、産めなかった女性も居心地が良い社会が作れるような気がしているんです。未来を担う世代である私たちが今できることはそれなのではないかと、佐々木さんと話していて思いました。

お互いが30代の今、佐々木さんと、産むこと、産まないこと、産めないことについて対話をするのは貴重な経験だった。

佐々木さんの著書を読み、対話を進めていくにつれて、今までの人生で彼女の思いがその時に応じて、柔軟に変わっているのを感じた。

産みたかった。産まないと考えていた。でも今は、産むことができるなら、産みたいと考えている。

佐々木さんの柔軟性のある生き方を、多くの女性に伝えたいと感じた。


そして、チャイルドフリーという言葉。

この言葉を自分に当てはめることで私は満足していた。しかし同じようにチャイルドフリーだと自覚している人が、もし子どもを産みたくなったら、「チャイルドフリー」を脱ぎ捨てて、子どもを産むためにがんばるのもありだなと私は考えている。

私は「チャイルドフリー」という考え方について、「試着」してぴったりだったから、実際に「着て」、自分の定義にしている。しかし、「前はぴったりだったのに、今は着ているると違和感がある……」と考えたら脱ぎ捨てても良いものなのだ。

佐々木さんの生き方を聞くと、いろいろな服を試着して、その中のどれかを選ぶのではなく、自然と自分に合うものを着こなしているような心地よさを感じる。

「産めるなら産みたい」という言葉も印象に残った。

産む人生にしようとしても、産めない人がいることを佐々木さんは常に忘れていないのだ。

今の世の中は、私たちが産めなくなる年齢になるまで追いかけてくるという話は、対談が終わってからもずっと、私の中でどんどんふくらんでいった。

社会は子どものいない女性を追いかけてくる。「子どもを産みましょうよ」という言葉と共に。


産めたから、産む。

産めないから、不妊治療をする。

不妊治療をしても授からなかったから、産みたいけど、産めない。

産みたくないから、産まない。

産みたくないし、持病があるから産めない可能性も高い。

女性と出産について考えれば考えるほど、女性たちの生き方の違いは幅広いものだとわかる。

同じ女性だからといって、ほかの立場の人のことが理解できなくても良いのではないかと佐々木さんは言ってくれた。私もそう思う。

ただ、それを前提としつつも、どうすれば私たちは同じ女性としてお互いを尊重することができるのだろうか。

「結婚したら、次は子どもだよね」

当然のように言う人の中には、実際に妊娠の苦しみや出産の激痛を経験することのない男性もいる。

女性は子どもがほしいという願望を叶える道具ではないのに、産まないことを理由に責める人がいるのはなぜだろう。

世の中には出産できない身体性であるにもかかわらず、気軽に「子ども、ほしいんだよね」と話す男性がたくさんいる。実際に子どもを授かれるかどうかは別として、私たち女性は出産に適した身体で生まれてしまった。

愛する人に「産んでほしい」と言われたら、自分は産まなければならない。そう思いこんでいる女性も多いだろう。

私もそう思っていた。

でも今は違う。「産む」「産まない」を選ぶのは女性の権利であってほしいと考えている。

子どもがいても、いなくてもその思いが共有できたら。

私たち女性は手をつなげる。

お互いを完全には理解できないというスタートラインから、手をつないで前に進める。

佐々木ののか（ささき・ののか）

作家、狩猟者。1990年北海道生まれ。愛することや誰かとともに生きることをテーマに執筆を続けながら、馬1頭、猫2匹と山の中で暮らす。著書に『愛と家族を探して』『自分を愛するということ（あるいは幸福について）』（ともに亜紀書房）がある。HP nonoka.me、X(旧ツイッター)@sasakinonoka

おわりに

海の波間を泳ぎきったような感覚になっている。

海は深くて広いけれども、手を取り合えば心休まる島にたどりつける。

砂浜に立って泳いできた海を見つめれば、自分は自由だと実感できる。

私は、産まない選択というテーマを通して、女性たちが自分は自由だと感じられる「島」を作りたかったのだと、書き終えてようやくわかった。


SNSを見れば、今日も産んだ女性と産んでいない女性が対立している。匿名で言い合っているので、恐らく本音なのだろう。相手を否定することを前提とした論争は、いつまで経っても対話にはならない。


この本を読んでくださった方々からは、どのような感想があるだろうか。

正直、不安はある。書いている最中、「この表現はどうだろう」と自問自答をしたことも多かった。

私は仕事でもプライベートでも、迷いや不安が生じた時、必ず山田詠美さんの著作を読む。10代の時から私を救ってくれたのは山田詠美さんの小説やエッセイだからだ。何度読んでも、その都度新しい発見がある。

この本の執筆中に読み返したのは、山田詠美さんの自伝小説『私のことだま漂流記』（講談社）の最後の章である。読み始めてすぐ、ある一文に出会って「あっ」と小さな悲鳴をあげた。

〝それまで、誰かによって書かれなかったもの、あるいは自分の書けないと思い込んでいたものを書いてみよう、そこに挑戦してみようという気構え〟

目を凝らして何度も読んだはずのその一文を、じっと見つめる。私が「産まない選択について書こうかな」と考えていた頃の気構えと共通するものがあると感じた。続いて次のような文章もあった。

〝私は、自分の仕事の怖さを知ることは重要だと信じている〟

〝書けないものを書いてみようとしなさいよ〟

「産まない選択」という女性の人生に関わる大きなこと。私には発信できないと思っていた。

それでも、書くという行為を通して挑戦しようと決めた。

キーボードを打ちながら、読む人がどう感じるか怖かった。

だけど。

それでも。

書けないと思い込んでいたものを、書いてみようとした。


山田詠美さんは小説のことを指していたのかもしれない。私は最近、小説にも挑戦しているので、その立場に立って読んでも骨の髄まで沁みわたる文章だった。

本書に書かれていることはフィクションではない。小説ではない。

ただ私は書くことで、ひとつ前に進めた。ようやく自信を得た。


自分の意志で産まない人生を歩んでいる。

今、私にとってそれは言いづらいことではなくなった。

とはいえ一般的には、実名で、なおかつ顔を出している立場でそれを言うことは、当たり前のことではない。今も呪いの言葉にさらされ、孤独感や罪悪感を抱いている人たちは数多く存在している。

「産む」だけではない。結婚、仕事、家族の在り方……いろいろな状況で、少数派とされる人たちが、「どうして？」と質問を浴びる。

どうしてあなたは、少数派の人生を選ぶの？

私はその「どうして」を聞くたびに、すべての人が自由に人生をカスタマイズできる世の中になってほしいと思う。
だから、これからも私は書き続ける。長い道のりでも、いつか必ず、女性たちが手を携えて前に進むことができる。そう信じて。

最後に、私ひとりの力では、本書の刊行までたどり着けなかったことに触れておきたい。
私のこだわりの強すぎる文章と向き合い、納得するまでやりとりを続けてくださった編集者の粟國志帆さんがいなければ、本書は日の目を見ることがなかっただろう。
また、本書のデザイナーの吉崎広明さんが私のＺＩＮＥを手に取ってくれたことから、この書籍の企画がスタートした。このテーマに大きな関心を寄せていただき、私の思いをくみ取ったうえで、装丁に着手してくださった。また、小林葉子さんは装画を快く引き受けてくださった。

お三方にはどんなに感謝の言葉を尽くしても足りない。心より御礼申し上げます。

また、対談の依頼を快く引き受けてくださった佐々木ののかさんは、以前から私の憧れの作家だった。今も佐々木さんから聞いた言葉ひとつひとつが胸に宿っている。社会の中で産まない女性は透明人間だと思っていたけれど、私自身も可視化できていないものがたくさんあると対談で気づかせていただいた。ありがとうございました。

インタビューを受けた方々は、私の質問に対して真摯に答えてくださった。そのおかげで、私はすべての取材で新しい学びを得られた。感謝いたします。

そして。

ここまで読み進めてくださった方々それぞれの、産むこと、産まないこと、産めないことに対する思いを、大切にくみ取れる世の中になるように、祈っております。

本当に、ありがとうございました。

2024年2月　若林理央

参考文献

●山田詠美（２０２２）『私のことだま漂流記』講談社
●佐々木ののか（２０２０）『愛と家族を探して』亜紀書房
●佐々木ののか（２０２２）『自分を愛するということ（あるいは幸福について）』亜紀書房
●河合香織（２０２３）『母は死ねない』筑摩書房
●石田月美（２０２０）『ウツ婚!!――死にたい私が生き延びるための婚活』晶文社
●ジェーン・バートレット（著）、遠藤公美恵（翻訳）（２００４）『「産まない」時代の女たち――チャイルド・フリーという生き方』とびら社、新曜社
●吉田潮（２０１７）『産まないことは「逃げ」ですか？』ＫＫベストセラーズ
●くどうみやこ（２０１７）『誰も教えてくれなかった 子どものいない人生の歩き方』主婦の友社
●森下えみこ（著・まんが）、くどうみやこ（著・構成）（２０２１）『まんが 子どものいない私たちの生き方――おひとりさまでも、結婚してても。』小学館
●オルナ・ドーナト（著）、鹿田昌美（翻訳）（２０２２）『母親になって後悔してる』新潮社
●岡田尊司（２０２２）『病める母親とその子どもたち――シック・マザーを乗り越える』筑摩書房
●シーラ・デ・リス（著）、鈴木ファストアーベント理恵（翻訳）（２０２２）『もし親友が婦人科医で、何でも聞けるとしたら？――女性が知っておくべき女性のからだ』サンマーク出版
●こだま（２０１８）『夫のちんぽが入らない』講談社
●エリック・バーコウィッツ（著）、林啓恵（翻訳）、吉嶺英美（翻訳）（２０１３）『性と懲罰の歴史』原書房
●酒井順子（２０１８）『百年の女――『婦人公論』が見た大正、昭和、平成』中央公論新社
●雨宮処凛（２０１８）『「女子」という呪い』集英社クリエイティブ
●マーガレット・アトウッド（著）、斎藤英治（翻訳）（２００１）『侍女の物語』早川書房
●モリナガアメ（著）、加藤哲文（解説）（２０１７）『かんもくって何なの!?――しゃべれない日々を脱け出た私』合同出版

●らせんゆむ（著）かんもくネット（解説）（２０１５）『私はかんもくガール――しゃべりたいのにしゃべれない 場面緘黙症のなんかおかしな日常』合同出版
●水沼英樹（監修）、ＮＰＯ法人 女性の健康とメノポーズ協会（編著）（２０１２）『女性も 男性も 暮らしも 職場も ｈａｐｐｙ！に 年代別 女性と健康と働き方 マニュアル ワーク・ライフ・バランスとヘルスケア』SCICUS（サイカス）
●法政大学大原社会問題研究所（編著）（２０２３）『日本労働年鑑 第93集・２０２３年版』旬報社
●厚生労働省 人口動態統計（https://www.mhlw.go.jp/toukei/list/81-1.html）
●総務省統計局 労働力調査（https://www.stat.go.jp/data/roudou/index.html）

著者紹介

若林理央（わかばやし・りお）

ライター。1984年、大阪府出身。神戸女学院大学卒。webメディア「好書好日」「ダ・ヴィンチWeb」、雑誌「月刊MOE」等を中心に、書評やインタビュー記事を執筆する。いじめや不登校といった自身の経験と、日本語教師、アイドルなどの多様な職歴から「普通とは何か」をテーマにエッセイや小説の執筆もしている。2022年に発表した、本書の原案であるZINE『私たちが「産まない」を選んだのは』が文学フリマで反響を呼ぶ。X（旧Twitter）@momojaponaise

母にはなれないかもしれない

――産まない女のシスターフッド

2024年 3月10日　初版第1刷発行

著　者　　　　若林理央
ブックデザイン　吉崎広明（ベルソグラフィック）
装　画　　　　小林葉子
編　集　　　　粟國志帆
発行者　　　　木内洋育
発行所　　　　株式会社旬報社
〒162-0041
東京都新宿区早稲田鶴巻町544 中川ビル4F
TEL 03-5579-8973　FAX 03-5579-8975
HP:https://www.junposha.com

印刷・製本　　中央精版印刷株式会社

ISBN 978-4-8451-1858-8